Cómo desenvolverse
en la sociedad global

Cómo desenvolverse en la sociedad global

Ernesto Agostini Oquendo

www.librosenred.com

Dirección General: Marcelo Perazolo
Diseño de cubierta: Laura Gissi

Está prohibida la reproducción total o parcial de este libro, su tratamiento informático, la transmisión de cualquier forma o de cualquier medio, ya sea electrónico, mecánico, por fotocopia, registro u otros métodos, sin el permiso previo escrito de los titulares del Copyright.

Primera edición en español - Impresión bajo demanda

© LibrosEnRed, 2018
Una marca registrada de Amertown International S.A.

ISBN: 978-1-62915-387-2

Para encargar más copias de este libro o conocer otros libros de esta colección visite www.librosenred.com

ÍNDICE

Prólogo	9
Introducción	19
El sentido común centrado en conductas personales fundamentales	25
Primera parte	27
Segunda parte. Evolución de la capacidad humana en su desempeño conductual	29
Tercera parte. El intelecto y la voluntad mental hacen posible el desarrollo del sentido común centrado en algunas conductas personales	35
Cuarta parte. Consideraciones para tener en cuenta	39
Quinta parte. Importancia de las consideraciones del ensayo	147
Sexta parte. Estado psíquico referencial que facilitaría el ejercicio del sentido común centrado en algunas conductas personales	151
Séptima parte. Compilación de las consideraciones	155
Aclaratoria	183

Epílogo. Reflexiones generales conclusivas	185
Recomendaciones	199
Exhorto	203
Referencias bibliográficas	205

Dedico este modesto ensayo a mis semejantes
Hago extensiva esta dedicatoria a mi esposa Sonia, a mi hija Ana Karina y a mi hijo Alfredo Ernesto, quienes siempre me infundieron ánimo.

Prólogo

La humanidad, en este nuevo siglo que estamos viviendo, se encuentra sometida a un proceso de profundos y acelerados cambios que afectan prácticamente todas las actividades del quehacer humano y que están definiendo **nuevas formas de pensamiento y de comportamiento**. Se trata de la más grande transformación vivida a lo largo de toda la historia del hombre en el planeta.

Estos cambios se identifican con el denominado proceso de la globalización contemporánea, el cual se ha venido acelerando en las últimas décadas con el impulso de la revolución tecnológica, cuya expresión más evidente la representan los novedosos alcances que se están logrando en el ámbito de la informática, las telecomunicaciones y la bioingeniería. Por ello, científicos, sociólogos y otras personalidades, como el ex presidente de Brasil, Fernando Henrique Cardozo, han catalogado este fenómeno contemporáneo como una nueva Revolución Industrial o un nuevo Renacimiento. Y otros han acuñado las expresiones de la Sociedad de la Información y de la Sociedad del Conocimiento, para definir las características y los nuevos valores de esa sociedad global que se está configurando como resultado de la globalización y de la revolución tecnológica y que, a su vez, se perfila como la característica fundamental del siglo XXI.

Una sociedad de transformaciones que se producen rápidamente y en la que las ventajas competitivas, a nivel de las empresas y de los negocios, se están configurando fundamentalmente sobre la base del conocimiento y de la forma inteligente y ética de gerenciar cada vez más a nivel personal. Gracias a los novedosos medios de comunicación e informática, los individuos logran más fácil acceso a la información y al conocimiento, lo que está ocasionando cambios profundos en la forma de hacer política de los gobiernos, ya que la tendencia apunta a que esas sociedades de ciudadanos bien informados y mejor formados demanden una mayor participación en los procesos de toma de decisiones, especialmente en aquellos temas que son de su inmediato interés. Por esto último se percibe una orientación de la democracia representativa hacia formas de representación más directas e incluyentes, como la participativa.

Conviene advertir que esta dinámica de cambios puede ser muy provechosa para la humanidad, pero igualmente puede generar crisis globales si no se reorienta sobre la base de fundamentos éticos, sociales y solidarios, así como en el sentido común concebido en esta obra.

De hecho podríamos hablar de una parte brillante de la globalización y de la revolución tecnológica, representada por los avances científicos y tecnológicos que están permitiendo los grandes logros a que nos hemos referido en el campo de la informática, las telecomunicaciones y en la ingeniería biogenética, con el apoyo de la física cuántica. Pero los estudiosos de estos procesos ya están advirtiendo sobre los posibles peligros que puedan representar las tendencias economicistas y materialistas de la globalización contemporánea, pues los frutos del progreso no se están traduciendo equitativamente en hacer llegar **una buena educación a todas las clases sociales de los países**. Por lo tanto, estas tendencias están contribuyendo a acentuar las iniquidades globales, profundizando los efectos contaminadores y depredadores del ambiente implícitos en la evolución de los procesos industriales de la nueva economía global que se está configurando.

Igualmente es preocupante el manejo irresponsable que se pueda hacer de los grandes avances alcanzados en la ingeniería genética y biomédica, los cuales permiten, inclusive, la reconstrucción de órganos de seres vivos y podrían facilitar aun la clonación de seres humanos, con las repercusiones éticas y sociales que ello implica.

Hans Küng, uno de los más reconocidos teólogos y estudiosos de la ética de nuestros tiempos, está alertando en sus valiosos ensayos y publicaciones sobre la perentoria necesidad de darle sentido humano al proceso de globalización, revalorizando la ética para asegurar la sustentabilidad de este, es decir, para lograr con los avances científicos y tecnológicos un desarrollo sostenible en el tiempo, entendiendo este desarrollo como un proceso económico y social que promueva las mejores condiciones de vida en el presente y las preserve para las generaciones futuras.

Para Küng no es posible un nuevo orden mundial sin una ética mundial, es decir, sin un mínimo necesario de valores morales comunes o compartidos, con criterios y actitudes básicas que estén presentes en todas las religiones, independientemente de sus diferencias dogmáticas y que además puedan ser reconocidas y acatadas por quienes no profesan ninguna religión.

No hay dudas de que el sentido común centrado en el comportamiento individual está vinculado a decisiones éticas, cuando hablamos del desarrollo sustentable y de la necesidad impostergable de humanizar la globalización y de darle sentido humano a la nueva economía y a los avances científicos que estamos logrando en esta sociedad contemporánea y del conocimiento.

Sobre la base de estas reflexiones previas sobre las nuevas realidades contemporáneas, resultado de los más grandes avances científicos y tecnológicos que ha impulsado el ingenio humano hasta el presente, y sobre la necesidad de darle a este

11

proceso de globalización una orientación más humana, ética y solidaria, hemos querido considerar todo ello como introductorio al prólogo que nos ha solicitado elaborar el Ing. Ernesto Agostini Oquendo para su interesante obra ***Cómo desenvolverse en la sociedad global mediante el sentido común***.

Consideramos que existe un estrecho vínculo entre las reflexiones sobre el sentido común centrado en algunas conductas personales y la conveniencia de su promoción y desarrollo, en forma pedagógica, que plantea Agostini, incluyendo los temas éticos que hemos referido como condición para asegurar una sociedad de progreso, más justa, solidaria y con una cultura de paz.

El autor, en las consideraciones previas de su ensayo, se refiere a que la población mundial, en su gran mayoría, está bajo la presión de males globales, entre los que destaca la ignorancia, el desconocimiento de lo que él llama el sentido común centrado en algunas conductas personales fundamentales, y el miedo de actuar frente a los demás, por lo que él fundamenta el mensaje de su ensayo en un llamado a enseñar, a nivel mundial y de manera pedagógica, el desarrollo del indicado sentido común, como una necesidad indiscutible, dándole la relevancia que esta enseñanza tiene, como manera de promover la convivencia, el saber y el beneficio de la gente.

El planteamiento de Agostini coincide con nuestra propuesta de introducir en los sistemas educativos que se vienen impartiendo corrientemente en todos los países la facultad del sentido común centrado en conductas fundamentales de la persona en forma complementaria y pedagógica, a fin de formar, desde los niveles elementales de los sistemas indicados, es decir, desde la infancia y hasta la educación profesional, un ciudadano que se pueda desenvolver en algunos ámbitos con prudencia, lógica, buen juicio, conciencia cívica, responsabilidad social y elevados niveles éticos, y que sea promotor de una cultura de paz; valores que consideramos esenciales para impulsar ese sentido humano que requiere la globalización contemporánea, logrando así que la sociedad del conocimiento que se está construyendo sea igualmente la sociedad global de la fraternidad, la solidaridad y la hermandad entre todos los seres humanos.

Como bien lo expresa el autor, el tema del sentido común centrado en la persona y de su importancia se ha venido discutiendo desde los filósofos griegos. Y en la filosofía cristiana se destacan los planteamientos de Santo Tomás de Aquino, para quien las conductas humanas son aquellas de las cuales el hombre es dueño, porque las puede controlar con conciencia y voluntad, en lo cual, a nuestro juicio, está implícito el sentido común referido, a diferencia de otras acciones que pueden ser del hombre, pero que no responden a un control racional, como por ejemplo, "ver y oír". Santo Tomás plantea que el hombre, por ser dueño de sus acciones, escoge el fin de ellas, es decir, obra por un fin que él mismo determina a voluntad propia y que está asociado a la idea del bien, y nosotros agregaríamos que ello es cierto, siempre que esa conducta humana esté regida por principios éticos y por el sentido común centrado en conductas fundamentales personales.

Entendemos la ética como la teoría o ciencia que analiza si está bien o no es correcto el comportamiento moral de los hombres en sociedad, es decir, como una forma específica de conducta humana, o como la ciencia de la moral, es decir, de una esfera de la conducta humana. La moral se identifica con la raíz latina *mores*, que significa "costumbres o conjunto de normas y reglas adquiridas por hábito".

De esta relación entre ética y moral podemos deducir que los problemas éticos se caracterizan por su generalidad, mientras que la moral es el campo objeto de la ética, la cual se define ante realidades concretas y el quehacer humano frente a las ellas. Así, decidir y obrar en una situación concreta es ya un problema práctico-moral. Pero analizar cómo se relaciona la responsabilidad moral con la libertad y con los condicionantes a los cuales están sujetos nuestros actos, como seres humanos, es un problema teórico que corresponde al estudio de la ética.

Fernando Savater, en su visión de la ética, simplifica la comprensión de este concepto al definirlo como el saber vivir o el arte de vivir y, por lo tanto, la forma de dar sentido solidario a la propia libertad, mediante el comportamiento moral de los hombres en sociedad.

De estas consideraciones y, tal como lo plantea Víctor Guédez, podría afirmarse que la conducta ética está definida por los principios que nos permiten como seres humanos y como seres racionales seleccionar, jerarquizar, armonizar y poner en práctica los valores, por lo que la ética empieza donde terminan las normas y permite hacer más humana a la persona para el logro de una vida mejor.

También podemos deducir que la ética no se enseña ni está en manuales de ética, sino que se aprende en la práctica y en el modelaje, es decir, en las relaciones interpersonales.

Frente a las demandantes realidades de la sociedad del conocimiento, los sistemas pedagógicos contemporáneos están incorporando cambios importantes en los sistemas de enseñanza-aprendizaje para formar a los educandos de esa sociedad, quienes no solo deben desarrollar las habilidades para mantenerse en un continuo proceso de adquisición de nuevos conocimientos, sino que igualmente deben potenciar el sentido común referido con una pedagogía de valores que los habilite para convertirse en los buenos ciudadanos que se requieren para humanizar la globalización.

Por ello se dice que la nueva pedagogía debe promover el desarrollo de la creatividad, el acometimiento ye la mentalidad abierta al cambio, enseñando a aprender el cómo, el por qué y el para qué de los conocimientos. Pero también promover la enseñanza de competencias y el aprendizaje de la convivencia como grupos humanos, incluyendo la convivencia con el interés planetario, todo lo cual no es otra cosa que promover la práctica de la ética, y tal como lo plantea Ernesto Agostini en este ensayo que estamos prologando, promover el desarrollo del sentido común centrado en algunos comportamientos fundamentales de la persona.

El tema de la facultad del sentido común individual indica que esta no está desarrollada en la inmensa mayoría de las personas. Por eso se suele afirmar que el sentido común es el menos común de los sentidos; aunque se estima que es el más apreciado, a pesar de ser el más desconocido. Científicamente se afirma que este sentido está estrechamente vinculado con el proceso cognitivo del ser humano, el cual sólo puede operar de manera integral y no fraccionada, en la medida que exista una armonía o integración entre los dos hemisferios cerebrales: el izquierdo, aparentemente, está más desarrollado en el hombre, y nos facilita centrarnos más en los detalles, mientras que el derecho está más desarrollado en el sexo femenino y se relaciona con la visión holística en el proceso de razonamiento. La clave para lograr la adecuada integración de las dos visiones está en el llamado cuerpo calloso cerebral, que actúa fisiológicamente como el puente interhemisferio cerebral para alcanzar una real síntesis cognitiva, es decir para lograr el sentido común al que venimos aludiendo.

La propuesta que plantea en esta obra Ernesto Agostini Oquendo sobre la conveniencia social de desarrollar didácticamente el sentido común centrado en la persona reviste gran relevancia frente al conflictivo mundo que estamos viviendo. El autor aconseja algunas normas y orientaciones hacia el logro del aprendizaje del sentido común referido, como una facultad que puede ser desarrollada promoviendo su conocimiento y su gran importancia.

A pesar de las aparentes limitaciones fisiológicas derivadas del hecho de que estudios científicos indican que más del

80% de los seres humanos padecen defectos en el cuerpo calloso cerebral que dificultan esa conexión apropiada interhemisférica, las modernas técnicas pedagógicas pueden contribuir, en alguna medida, a desarrollar la valiosa facultad del sentido común referido si este se desarrolla y se incorpora, con carácter obligatorio, como parte de esa pedagogía de valores a que hemos hecho referencia, como componente integral de la enseñanza que usualmente se imparte en todos los niveles del sistema educativo, acompañando este esfuerzo didáctico formal con la práctica del modelaje familiar y social, tal y como debe hacerse con la promoción de la ética.

Michael Novak, otro gran académico estudioso de los valores y de la ética propone siete temas básicos para promover el desarrollo de la ética social que puede ser valiosa referencia, a fin de impulsar igualmente una pedagogía para desarrollar la ética individual y el sentido común centrado en la persona. Esos temas por considerar son los siguientes: 1. Reconocimiento de la naturaleza social de la persona humana y, por lo tanto, de principios como la amistad, el fortalecimiento de la sociedad civil, la solidaridad y los valores de la familia. 2. Fomento del principio de subsidiaridad como fundamento de la justicia social. 3. Valoración de la libertad y de la responsabilidad como sustentos de la dignidad de la persona humana. 4. Desarrollo de las virtudes necesarias para ejercer la responsabilidad personal. 5. Fortalecimiento de la subjetividad creativa. 6. Estímulo del equilibrio entre unidad y diversidad. 7. Énfasis en el ser más que en el tener, en el carácter y en la gracia.

No hay dudas de que ese interesante enfoque de Novak y la propuesta de Agostini son referencias válidas para el cambio que debe incorporarse en la sociedad del conocimiento, a fin de lograr ese deseable sentido humano que se requiere en la globalización contemporánea, para que todos podamos participar con sentido común centrado en la persona y en principios éticos en la generación de progreso y beneficiarnos de sus frutos equitativamente.

José Ignacio Moreno León
Anterior Rector de la Universidad Metropolitana
Venezuela, Caracas, año 2015

Introducción

El autor de este ensayo didáctico, cuyo fin último es reducir el grado de ignorancia que anida en la mente de la mayoría de la gente, considera que el peor mal que afecta a la humanidad en el mundo es precisamente la ignorancia general que existe sobre el conocimiento conceptual, que quizás alcanza hasta un 98%. Eso le impide a muchísima gente en el planeta tener la capacidad de poder analizar, comprender y razonar con cierta lógica sus modos de pensar, a fin de lograr desenvolverse con cierto grado de prudencia y sensatez en la vida, *"salvo en contadísimos casos que son atribuibles a algunas personas en todos los países, quienes tienen inclinaciones naturales innatas potencialmente desarrolladas a lo largo de sus vidas".* Este desconocimiento señalado, acompañado usualmente de falta de aspiraciones personales, le ocasiona a la gente innumerables problemas en casi todos los órdenes del quehacer humano, como la *"pobreza en que viven muchísimos de ellos"*, **por nombrar uno, ocasionado éste general y fundamentalmente por tener escasos conocimientos de ciencia o de cultura útil que ofrecer a las sociedades donde viven.** Tanto en los países subdesarrollados, como en aquellos que están en vía de desarrollo o son ya desarrollados, la ignorancia induce a que se genere la demagogia o populismo político como presunto defensor de los intereses del pueblo para conseguir su favor. Esto se constituye en causa o motivo para el surgimiento en esos países de gobiernos despóticos de extrema izquierda, quienes desconocen generalmente la Constitución, las leyes, la libertad, la justicia y, por consiguiente, la democracia, la economía de mercado, etcétera.. Asimismo, dicha falta grave de conocimientos de la gente para conducirse razonablemente en la vida también se ha encontrado y se encuentra actualmente en los ambientes estudiantiles de las escuelas, de los bachilleratos y de las mismas universidades. En los dos primeros establecimientos educativos se vienen enseñando conocimientos elementales y generales, respectivamente, mientras que en el tercero solo se instruye para aprender un oficio que se denomina carrera por su nivel académico. Pero en ninguno de ellos se ha ido enseñando ni se enseña ningún tema que trate, en algún grado, el análisis y la comprensión de sus elementos constitutivos ni se concluye con el razonamiento lógico del conjunto, por ejemplo, acerca de cómo debemos desenvolvernos en los ámbitos que se nos puedan presentar a lo largo de nuestra existencia con cierto éxito. Esto nos confirma que nunca han existido en el mundo normas o guías escritas o verbales para que la gente obtuviera un mayor bienestar en su vida.

Este trabajo pretende proveer lo más obvio y suficiente del conocimiento conductual, que la mayoría de la gente desconoce y que le serviría de fundamento para aprender a comprender, razonar y desenvolverse adecuadamente en los ámbitos habituales que más frecuenten.

Conviene advertir que el **instrumento filosófico** al que hemos tenido que recurrir para resolver, en buena parte, el vacío de conocimientos referido ha sido el **sentido común**; por consiguiente, conviene conocer parte de su historial, que se remonta a la Antigüedad, y aprovechar esta ocasión para señalar algunos beneficios personales provenientes de su aplicación.

Desde la Antigüedad se le concedió importancia al sentido común, el cual era llamado "el buen sentido". Aristóteles (384-

322 a. de J.C.) fue uno de los filósofos de esa época que mayor énfasis puso sobre la expresión "sentido común". La comprendía como "la capacidad general de sentir", a la cual atribuyó "la conciencia de la sensación, o sea el sentir de sentir". También le asignó determinaciones sensibles, comunes a varios sentidos, como "el movimiento, el reposo, la figura, el tamaño, el número y la unidad". Una vez ya en la época medieval, Avicena, filósofo persa, estableció el concepto de sentido común, y luego Santo Tomás de Aquino lo armonizó con el pensamiento cristiano. Este último concepto fue utilizado por todos los autores que antes se habían inspirado en Aristóteles. Conviene señalar que Immanuel Kant, filósofo de la Era Moderna, "sugiere que el sentido común es la facultad del sentimiento para juzgar acerca de los objetos en general".

Desde la Antigüedad hasta la actualidad, el sentido común sigue siendo objeto de consideración por diferentes filósofos, quienes tratan de aplicarlo para estudiar y explicar asuntos de cualquier naturaleza relacionados con el mundo, el conocimiento y el desenvolvimiento en él. En la época actual se define el sentido común como el buen sentido, así como la capacidad de juzgar y obrar acertadamente.

El sentido común ha tenido también gran significación a lo largo de la humanidad porque ha constituido un método que sirve para interpretar varias formas del comportamiento de los seres humanos y de la naturaleza. Además, ha evolucionado como integrador de una serie de principios básicos que facilitan la interpretación del conocimiento científico y social.

Se ha considerado conveniente presentar este breve recuento histórico del sentido común para informar al lector de la trascendencia que ha tenido y tiene dicho concepto.

Igualmente se advierte que el sentido común, como se define en este texto, se centra en algunas conductas fundamentales de la persona, y pretende proveer una orientación pedagógica para todas aquellas personas que se interesen en él, con el fin de lograr un mejor desenvolvimiento y disfrute de sus vidas en sus ámbitos habituales. Este beneficio tangible se podrá alcanzar siempre que dichas personas pongan verdadero interés y constancia en leer con detenimiento y compenetración el contenido de cada una de las consideraciones que integran este ensayo, por medio del discernimiento, el entendimiento, el razonamiento crítico y la ponderación de éstas.

Cuando en este texto se señala que se debe privilegiar el bien común, nos referimos al bien general hacia los demás, el cual se puede expresar mediante el significado de palabras que simbolizan moralidad, como son "dignidad", "respeto", "solidaridad", "fraternidad", "amor" y "amistad", cualquier persona las puede entender, por constituir ellas vivencias que muchos deben haber experimentado, y si no es así, al menos pueden comprenderlas.

La aplicación realmente consciente, entusiasta y tenaz sobre este tipo de **sentido** aquí tratado ayudará mucho al lector a tener éxito en cualquier empresa que se proponga, así como en su desenvolvimiento habitual, ya sea a nivel familiar, amistoso, social, de trabajo, de negocios u organizacional. En este último ambiente se le facilitará a la persona el ser promocionado a cargos de mayor jerarquía, pues en estos casos casi siempre se selecciona a aquellas personas con mayor potencial desarrollable y un manejo razonable del sentido común, lo que será analizado y estudiado a lo largo de este ensayo.

Es conveniente recordar que esta obra está destinada a todos los lectores que estén interesados en adoptar y practicar dicho sentido común como forma de vida gradual o con la prontitud que ellos le impriman. Además, va a ser de gran utilidad para lectores de cualquier edad, porque les traerá mayor confianza en sí mismos (sube el autoestima o autovaloración), permitirá su buen desenvolvimiento personal en cualquier ámbito que necesiten frecuentar y, por ende, podrán juzgar, obrar, actuar y expresarse ante los demás sobre algún asunto con prudencia, lógica y sensatez, así como tomar decisiones acertadas acerca de situaciones que se les puedan presentar inesperadamente.

Cuando el adulto joven que se está formando resulta ser el interesado, el caso adquiere particular importancia, debido a que él constituye terreno útil, fértil y provechoso para sembrar las orientaciones normativas que se discuten y establecen en esta obra. Además, lo harán propenso a cosechar éxitos en todos los ámbitos de su vida, en especial cuando entre a dirigir su propia empresa o a prestar sus servicios en una organización.

Cabe advertir a todos aquellos lectores que se interesen en esta obra que el contenido de las consideraciones que la integran únicamente se limita a exponer la parte indispensable de cada una de ellas y no a desarrollarla a plenitud, pues este no es el objetivo de este texto. Sin embargo, a algunas de ellas se les pone mayor énfasis por la significación que el autor les concede.

El sentido común centrado en conductas personales fundamentales

*"Solo hay un bien: el conocimiento.
Solo hay un mal: la ignorancia".*

Sócrates

Cómo uno debería juzgarse, obrar, actuar y desenvolverse en la vida

Cuando el autor de esta obra tuvo la oportunidad de observar de cerca y con discreta atención cómo personas conocidas, poco conocidas y también allegadas se comportaban inadecuadamente y con muy poca racionalidad cuando hablaban entre sí, trataban de explicarse diferentes asuntos que consideraban de interés y en algunos casos se comunicaban con otros — hechos presenciados también en diferentes ambientes regionales del país y con marcadas semejanzas en variados ámbitos, técnicos, de trabajo y sociales capitalinos a lo largo de su vida profesional—, **nació en él** un deseo vehemente de encontrar alguna posibilidad de prestar alguna ayuda a esa gente. Buscar una solución viable que les permitiera desenvolverse razonablemente bien y que redujera gradualmente esta problemática conductual que estaban experimentado y que siempre debe acompañarlos en sus entornos cotidianos durante la vida. Teniendo muy en cuenta estas experiencias observadas y vividas, él consideró que, por analogía, el comportamiento humano revelado por todas estas personas debía ser similar en todos los estratos sociales de las poblaciones venezolanas y de otros países.

Por tal razón, y reflexionando sobre el problema planteado, que no parece tener solución y que nos preocupa, el autor decidió recurrir a la filosofía y aplicar el sentido común como método de investigación del mundo, el conocimiento y el desenvolvimiento de los seres humanos en él, a fin de utilizarlo como forma de solucionar la situación que viene existiendo desde tiempos inmemorables. El concepto tiene un antecedente en la frase en latín *radix et principium sensuum externorum*, que traducido al español representa: "principio de la sensibilidad externa".

La expresión "sentido común" se compone de dos palabras: "común", que es lo que caracteriza a un grupo de personas, seres vivos u objetos, y "sentido", que se refiere a la percepción de sensaciones y estímulos por medio de la vista, el oído, el tacto, el olfato y el gusto, pero que también nos da una idea de orientación cuando decimos que vamos en sentido contrario o correcto.

En el *sentido común* justamente se expresa el sentir común. Está en las palabras y en los sentimientos y se materializa en las acciones y en las intenciones.

Usualmente se escucha decir que "El sentido común es el menos común de los sentidos". Esta expresión hace alusión al valor que tiene el sentido común como aquel que nos guía en la toma de decisiones diarias y que nos ayuda a evitar peligros.

Esta manera lamentable e insensata que viene siendo usada por la gente para conducirse en los diferentes ámbitos y que constituye un mal que aqueja y frustra a un altísimo porcentaje de la población aludida motivó y dio origen al tema de esta obra. Lo expuesto en ella hasta aquí debe considerarse como una introducción.

Primera parte

Definición

Se debe entender por **sentido común** centrado en la persona la capacidad potencial desarrollable del conocimiento conductual que tiene una persona, la cual le permite desenvolverse razonable y éticamente bien en cualquier ámbito, a fin de poder juzgar, obrar, actuar y expresarse ante los demás sobre algún asunto, con prudencia, lógica y buen juicio, así como resolver acertadamente situaciones que se le puedan presentar en un momento determinado.

Conceptos

- 1) Conviene puntualizar, de ahora en adelante, que nosotros entendemos por razonamiento crítico aquel análisis detallado, signado por la autocrítica y fundamentado en la razón bien entendida de un asunto, de un hecho o de una cosa que se nos presente.
- 2) Es procedente precisar que nosotros entendemos en este texto por lógica todo racionamiento crítico que se haga profundamente coherente, bien articulado y en armonía con la racionalidad.
- 3) En virtud de la trascendencia o consecuencia tan importante que tiene o adquiere la aplicación que tienen los términos "consciente" y "voluntad" para el fin que persigue este ensayo, se considera indispensable la tras-

cripción del significado de cada uno de ellos del Diccionario de la Real Academia Española (1996). **Consciente** significa "Que siente, piensa, quiere y obra con conocimiento de lo que hace, con pleno uso de los sentidos y facultades", mientras que **voluntad** se define como la "Intención, ánimo o resolución de hacer una cosa". En relación con el significado de ambos términos, nosotros consideramos conveniente ilustrar sobre lo que se debe entender por concientizarse: "Es tomar conciencia de una realidad concreta, percatarse de ella y verla casi como si fuera un objeto que tuviésemos ante los ojos". En cuanto a la voluntad o fuerza de voluntad, se debe entender como: "La facultad psíquica que tiene el individuo para elegir entre realizar o no un determinado acto". Depende directamente del deseo y de la intención de la persona de realizar actos concretos que le interesen.

La activación de esta fuerza, caracterizada por su tendencia autodisciplinante, solo se desarrolla mediante la concientización, el convencimiento y la conveniencia que la persona le atribuya a este esfuerzo mental realizado para lograr asuntos propios que considere convenientes para su buen desenvolvimiento en algunos ámbitos que requieran de su atención. Este tipo de esfuerzo, único por su naturaleza, proviene del **cerebro** humano, quien está dividido en dos hemisferios, derecho e izquierdo, cada uno de ellos especializados en una **conducta** específica, y conectados entre ellos de forma permanente por una estructura llamada cuerpo calloso, formada por millones de fibras nerviosas que recorren todo nuestro **cerebro**.

Segunda parte.
Evolución de la capacidad humana en su desempeño conductual

1) Crianza de los niños

La formación del cerebro del ser humano se inicia generalmente tres semanas después de que la mujer lo haya concebido y, al mismo tiempo, comenzará el desarrollo del sistema nervioso correspondiente. Todo esto ocurre usualmente sin que ella se entere de que tiene una nueva vida en su vientre. A partir de este momento, el cerebro va a pasar por grandes transformaciones durante su ciclo vital, en especial en la etapa prenatal, en la primera infancia y en la adolescencia. Su crecimiento y su desarrollo van a ser el resultado armonioso de la interacción que se va a producir entre las inclinaciones naturales de orden genético y la experiencia del ser en su entorno ambiental.

Es muy importante que la mujer embarazada sepa que durante su etapa prenatal se desarrolla el cerebro del bebé, por lo cual debe cuidar mucho de su salud y su alimentación, así como controlar la ingesta de medicamentos o sustancias químicas que la puedan afectar, también debe atender a su bienestar emocional.

Estos cuidados que la mujer viene poniendo en práctica deben continuar en la etapa postnatal, es decir, cuando el niño nazca y comience a crecer y a desarrollar las actividades propias del cerebro.

La relación del niño con los adultos ocasiona un gran impacto en el desarrollo de su cerebro desde la etapa prenatal. Otros elementos presentes e importantes que influyen en el indicado desarrollo son el ambiente físico, las caricias, las conversaciones y las relaciones entre padres, los educadores y el niño.

Las relaciones interpersonales son fundamentales en el desarrollo infantil, ya que los niños aprenden de los adultos habilidades de toda índole: sociales, de conocimiento, de adaptación al entorno, etc. Igualmente, la relación directa niño-adulto es vital para la integración sensorial (de los sentidos), la coordinación motora con los sentidos, el desarrollo emocional y los procesos de atención y de concentración.

El cerebro humano es un sistema estructural y funcional diseñado para recibir información, integrarla de modo flexible y creativo y elaborar conductas destinadas a la adaptación. Para ello, está configurado en forma de módulos funcionales altamente dinámicos, constituidos por células que están interconectadas por medio de una sustancia llamada neurotransmisor y que realizan una sofisticada mensajería química y física dentro del cerebro y con el resto del organismo.

Además, conviene agregar que para la edad de alrededor de los 5 o 6 años, ya estos niños deben tener una personalidad relativamente definida. Lo que usualmente se ha venido denominando personalidad es un conjunto de características o patrones que definen a un ser humano, como son los pensamientos, los sentimientos, las actitudes, los hábitos y, por consiguiente, las conductas, que de manera muy particular hacen que cada ser sea diferente a los demás.

La manera en que cada ser pensante actúa sobre situaciones diversas nos dice algo sobre la personalidad de cada persona, en otras palabras, es el modo habitual por el cual cada ser siente, piensa, habla y realiza alguna acción para satisfacer sus necesidades en su medio físico y social.

El término "personalidad" posee una significación peculiar para cada psicólogo que la aborda. No existe una definición de esta palabra mundialmente aceptada. Sin embargo, se ha acordado una que sostiene que la personalidad la integran dos componentes, el temperamento y el carácter. El primero es innato, de corte genético, y el segundo se desarrolla por la interacción entre el temperamento, la crianza y el ambiente en que esta ocurre. El carácter es aprendido, por lo cual va a depender del trato, la prédica y el ejemplo que los padres le den al niño durante su crecimiento.

Esto significa que la personalidad de un niño va a depender, en cierto grado, de cómo la pareja conduzca la educación que recibe su hijo en el hogar. Finalmente se debe enfatizar que el tipo de personalidad que se configure en la mente de los niños va a estar supeditada a cómo dichos padres manejen apropiadamente un solo componente de los dos que están presentes en este acaecimiento, que es el carácter[1], el cual es susceptible de ser controlado conveniente y únicamente por dichos padres. De ahí la importancia que tiene el nivel de instrucción que tengan los padres de los niños y del fomento o impulso sistemático que hagan de su crecimiento personal, muy particularmente la madre de dichos niños, por tener generalmente una mayor responsabilidad que el padre en la crianza, por su mayor cercanía respecto de ellos. Esta circunstancia le permite a ella, más que al padre —que generalmente debe trabajar fuera del hogar—, observar con mayor atención las inclinaciones de los niños en su comportamiento conductual habitual.

Una vez fundado un parecer de dichas inclinaciones, basado en las señales que se perciben de ellos, la conducción de la crianza de cada niño debe adaptarse a las características particulares observadas.

Se entiende que para hacer este seguimiento de tendencias conductuales en los niños se requiere de los padres, y muy especialmente de la madre, quien debe desarrollar suficiente capacidad de observación y atención para lograrlo. Estimular

---

1   Dr. DAVID KEIRSEY, Psiquíatra (Internet)

estas tendencias cuando sean positivas no es una tarea difícil y sí de gran satisfacción para los padres, cuando ellos adviertan que el esfuerzo que hacen sobre el particular está altamente compensado por el gran beneficio que se les proporciona a los niños durante su crianza y el valioso activo que constituirá para ellos en su adultez.

A los fines del sentido común, es conveniente aprovechar cada una de las indicadas observaciones tendenciales para inculcar en los niños, desde temprana edad, que las cosas tienen una razón de ser, es decir, que hay un razonamiento en cada caso, que explica la existencia o inexistencia de ellas y la conveniencia o no de su utilización. Aplicar esta forma de actuar en forma sistemática permite el desarrollo de la capacidad potencial de comprensión y de juicio de los niños sobre las cosas.

Igualmente, tal proceder inducirá la mente de los niños a activar los mecanismos de procesamiento mental de información, a fin de ir estimulando su entendimiento general.

Estas inclinaciones observadas en los niños contienen ingredientes de origen genético, por lo que pueden hacerse ávidas de su desarrollo. Por esa razón, a medida que ellos van creciendo, el entendimiento en dichos niños se hace mucho más fácil, y ellos pueden llegar a calificarse, en muchos casos, de inteligentes.

Cuando se observa en la crianza de los niños la conducción aquí sugerida discretamente, la cual requiere de especial cuidado y dedicación por parte de sus padres, esta se traduce generalmente en mayor confianza de ellos en sí mismos, es decir, se incrementa su autoestima por medio de la percepción valorativa de ellos. Debe propiciarse que esto ocurra en sus diferentes edades biológicas.

2) Responsabilidad de los padres

Para cumplir con los requisitos establecidos en el punto anterior, debe aspirarse a que los padres mantengan vínculo matrimonial, o bien sean una pareja estable en el tiempo, por cuyo motivo entre ellos debería reinar el amor, la armonía, el entendimiento y la comunicación mutua y fluida para resolver cualquier desavenencia o problema que usualmente se presente en las uniones.

Hay que ser conscientes de la conveniencia de que siempre las desavenencias corrientes que surjan entre las parejas se solucionen mediante la discusión amistosa entre las partes; sopesando los elementos de juicio de cada uno de ellos, como si se sentaran a hacer una negociación. Es casi indispensable para que toda pareja se lleve bien a lo largo del tiempo que cada uno tenga un nivel similar de educación hogareña, de instrucción colegial, de escala de valores morales y de buen juicio, a fin de mantener y preservar el éxito en la unión en el devenir de la vida.

Asimismo, la actuación de ellos antes sus hijos debe estar siempre orientada a un fin común, el de dar el ejemplo, más que la prédica, al educarlos bien en el hogar, inculcándoles principios y valores fundamentales de conducta y modos moderados de ser, siempre privilegiando la conveniencia conductual de los niños y pensando en su adultez.

Además, los padres deben ser conscientes de que ese esfuerzo que hacen por sus hijos al proporcionarles una buena educación está plenamente justificado, debe estar dirigido a estimular que sus inclinaciones mentales sean sanas y positivas por medio de razonamientos inteligibles, aleccionadores e inteligentes que redunden en beneficio de ellos durante sus distintas edades biológicas.

Cuando ocurra que el nivel de educación, instrucción y moral entre los integrantes de la pareja sea dispar, probablemente se impongan los razonamientos de la figura parental predominante, que no necesariamente tienen que coincidir con los más convenientes para los hijos. Para compensar o reducir parcialmente un posible efecto negativo en la orientación educativa de estos, las partes deberían conciliar las diferencias que puedan tener cuando estas no sean de fondo. En cambio, cuando sí lo sean, entonces se debe buscar ayuda profesional por medio de psicoterapeutas competentes que recomienden lo que proceda en estos casos.

Por tal razón, se considera indispensable y de importancia capital que la madre se esmere en crecer personal y continuamente en el desarrollo del conocimiento y en sus aptitudes y facultades naturales, pues ella es la que tiene más relación directa con los niños, porque en las familias lamentablemente el padre falta con frecuencia, y es la madre la que debe asumir entonces la responsabilidad de ambos en la crianza. Esto no es lo conveniente, aun cuando es una lamentable realidad que hay que afrontar, pues la ausencia continua del padre produce un vacío emocional en los niños que los va a afectar durante su vida y, particularmente, cuando vayan a formar pareja.

En virtud de la complejidad que tiene la discusión del comportamiento parental en la crianza de los hijos y por no ser materia que se vaya a desarrollar en profundidad en este texto, conviene en darla por concluida.

No obstante, se considera conveniente aconsejar a los padres en general, particularmente en aquellas parejas que confronten frecuentes diferencias y que deseen tener hijos o en aquellas que ya cuenten con niños muy jóvenes, tomar algún o algunos cursos sobre inteligencia emocional. Estos cursos deben estar dirigidos a tratar de alcanzar una buena convivencia matrimonial y a la correcta educación y crianza de los niños, pues seguramente el aprendizaje que obtendrán va a ser de gran utilidad para reducir las diferencias que vienen surgiendo en la pareja y, consecuencialmente, contribuirán a mejorar el seguimiento de las inclinaciones naturales en los niños, en la incidencia ambiental en ellos así como en su comportamiento conductual socialmente.

Tercera parte. El intelecto y la voluntad mental hacen posible el desarrollo del sentido común centrado en algunas conductas personales

Toda persona debe siempre aspirar a crecer en el campo del saber, así como en el desarrollo de sus facultades y de sus aptitudes, con el objeto de estar relativamente a la altura de las exigencias requeridas por el actual mundo globalizado. Para que la persona logre acercarse a dicho propósito, debe esforzarse en tratar de aumentar su capacidad de entendimiento, conocimiento y familiarización con las consideraciones que integran el presente ensayo didáctico. Para que cualquier persona pueda alcanzar alguna meta deseada en su vida, es indispensable que se proponga desarrollar un nivel satisfactorio de activación de su fuerza de voluntad. Dicha activación es lograda por la persona por su concientización sobre lo que es realmente considerado de su conveniencia para lograr lo que persigue. Cuando ello sucede, se motoriza toda acción positiva encaminada a alcanzar lo que se necesita obtener.

Por su naturaleza, esta fuerza motorizante se caracteriza por traducirse en un esfuerzo autodisciplinante, cualidad muy valiosa que permite alcanzar la meta factible que se proponga obtener toda persona en cualquier sentido del saber, como podría ser el desempeñarse en una posición con diligencia, interés y creatividad para distinguirse de sus compañeros de trabajo en la organización donde preste sus servicios.

Se considera importante que la aludida autodisciplina también provenga, en parte, del desarrollo pleno de la disposición entusiasta de la persona que usualmente practique eficazmente la reflexión autocrítica rectificativa de todos sus actos, palabras y acciones que efectúe en su cotidianidad, particularmente ante los demás.

En definitiva, se puede sostener que la capacidad de la persona de poder activar, cultivar y preservar una fuerza de voluntad mental robusta, y no débil, es imprescindible para todos aquellos seres humanos que se propongan hacer algún esfuerzo para lograr cualquier objetivo o meta factible en su vida dentro de lo razonable.

Particularismos propios de la fuerza de voluntad
La fuerza de voluntad se puede definir como la capacidad desarrollable que tienen los seres humanos y que nos mueve a hacer cosas de manera intencionada, por encima de las dificultades, los contratiempos y el estado de ánimo. Todo nuestro actuar se orienta hacia todo aquello que nos parece bueno y que no atenta contra el bien común. Cada vez que debemos esforzarnos para tratar asuntos pendientes de forma consciente, como terminar un informe a pesar del cansancio, estudiar la materia que no nos gusta o se nos dificulta, levantarnos a pesar de la falta de sueño, etc., todo esto representa la forma más pura del ejercicio de la voluntad, porque llegamos a la decisión de actuar enfrentando todos los inconvenientes. No es de sorprenderse que en muchas ocasiones algo que iniciamos con gusto al poco tiempo se nos convierta en un verdadero reto. Cada vez que retrasamos el inicio de una labor en nuestras actividades, se nota claramente una falta de voluntad, o cuando damos prioridad a aquellas que son más fáciles de efectuar en lugar de las importantes y urgentes. La falta de voluntad tiene varias señales, y nadie escapa al influjo de la pereza o la comodidad, dos verdaderos enemigos que constantemente obstaculizan nuestro actuar.

Podríamos comparar a la voluntad con cualquiera de los músculos de nuestro cuerpo, estos últimos se hacen más débiles en la medida que dejemos de ejercitarlos. Lo mismo ocurre con la voluntad, cada situación que requiera un esfuerzo es una magnífica oportunidad para robustecerla, de otra forma, se adormece y se traduce en pereza, inconstancia, o falta de carácter o responsabilidad. Todos conocemos, al menos, a una persona que se distingue por su fuerza de voluntad, el padre de familia que cada día se levanta a la misma hora para acudir a su trabajo, el empresario que llega antes y se va después que todos sus empleados, quienes dedican un poco más de tiempo a su trabajo y no dejan nada pendiente, etc. Cada uno de ellos no solo asume su responsabilidad, sino que lucha una y otra vez todos los días por cumplir y perfeccionar su quehacer cotidiano. Lo distinto entre ellos es la continuidad y la perseverancia, pues su voluntad está en la capacidad de inducirlos a hacer grandes esfuerzos por períodos de tiempo más largos.

Esta capacidad de decidir, que es lo que se requiere para hacer las cosas que se nos presenten en un momento dado, debe tratar de ajustarse a la realidad inmediata y programada en algunos casos.

La fuerza de voluntad constituye el motor de los demás valores humanos, no solo para adquirirlos sino para perfeccionarlos, ya que ninguno de ellos puede cultivarse por sí sólo si no hacemos un esfuerzo, pues todo deseo que queramos materializar requiere que hagamos pequeños y grandes sacrificios con constancia.

Cuarta parte.
Consideraciones para tener en cuenta

Como resultado de la observación aguda y discreta del autor de este ensayo durante su vida profesional acerca del comportamiento humano, generalmente exhibido por muchas personas profesionales de nuestro propio campo universitario, así como de amigos, conocidos, no muy conocidos y otros allegados en diferentes regiones del país, se ofrecen algunas consideraciones fundamentales que estimamos suficientes, convenientes y apropiadas para alcanzar el fin beneficioso que persigue el presente texto para sus lectores. Este está destinado a servir de orientación normativa y de guía a todas esas personas que aspiren poder aplicar en su vida el sentido común centrado en algunas conductas fundamentales de la persona.

Se trató de redactar cada una de las consideraciones que ahora se ofrecen e integran esta obra de una manera clara, sencilla e inteligible, aspiramos lograr con ello que los lectores interesados en este texto realicen el esfuerzo necesario que les permita compenetrarse con el contenido de cada idea, aplicando el razonamiento crítico, con la finalidad de que la familiarización con el tema se convierta en una forma de vida y en una fuente de beneficios que les permita llevar una vida sosegada y grata.

A continuación se ofrecen a los lectores interesados las siguientes consideraciones:

1. De la moral y la ética

La moral trata sobre el bien en general así como sobre las acciones humanas en lo que respecta a su bondad o malicia. La palabra "moral" interpreta el hecho real que encontramos en todas las sociedades, a saber, un conjunto de normas que se transmiten de generación en generación, que evolucionan a lo largo del tiempo, que tienen diferencias con respecto a las normas de otras sociedades y de otras épocas históricas y que se utilizan para orientar la **conducta** de los integrantes de las sociedades. Puede ser entendida también como una forma de conciencia social que regula la conducta de los hombres mediante normas. Estas normas que establece la sociedad están destinadas a lograr la convivencia armoniosa, grata y conveniente que debe existir entre las personas; deben ser respetadas y acogidas de buena fe y disposición por la gente para cumplirlas como integrantes conscientes de una sociedad.

La moral constituye un recto modo de proceder de la persona, refleja la racionalidad y está inspirada en todo pensamiento que privilegie intencionalmente el bien común. Donde no hay una búsqueda intencional del bien común será muy difícil hablar de moral y de la búsqueda real del bien.

Estas normas moralizantes deben ser adaptadas a otras sociedades cuando en ellas se profesen otros credos, tengan distintas costumbres o sean poco civilizadas, por cuanto estas no son universales y varían con el tiempo. Por tal razón, esta "consideración" debe ser la que **presida** las restantes, por el hecho de que privilegia intencionalmente el bien común con respecto al mal.

Por otra parte, no debemos confundir la reflexión moral sobre cualquier conducta humana con la ciencia ética, pues la primera se hace presente cuando es discutible la aplicación de una norma moral estimada como correcta, mientras que la segunda no solo analiza la justeza y la conveniencia futura de la norma para los integrantes de la sociedad, sino que también las califica como "buenas", "correctas", e "incorrectas" en todas las facetas de la actividad humana, señalando los "deberes", "obligaciones", "derechos" o "virtudes" de las estas. Para lograr ello, la ética requiere complementarse con otras disciplinas, como la psicología, la sociología, la antropología, el derecho, la política, etcétera.

El término "ética" se deriva del griego *ethos*, el cual se ha empleado para analizar, entre otros, el "modo de ser de un individuo" y la "costumbre obligatoria".

La finalidad de estudiar la ética tiene como objetivo observar un conjunto de conocimientos humanos de valoración personal, así como contrastar críticamente nuestros valores (honestidad, dignidad, principios, criterios, probidad, lealtad, etc.) con el proceder y los valores de los demás. Tal propósito nos permite comprender las actitudes y las disposiciones del hombre ante la vida, así como su carácter y forma de proceder.

Debemos agregar que la ética, la cual es una ciencia fundamentada en la razón y cuyo campo de estudio es la moral, también analiza los valores de los actos humanos que tienen relación con un grupo de normas que estudian la bondad y la maldad. De lo que se desprende que la ética se centra en el comportamiento moral de la persona así como en su conducta responsable. Estudia el sentido de la vida humana, distingue y separa los componentes que constituyen la vida moral y se pregunta por el fin que persigue el hombre en la vida, para determinar, a partir de ese objetivo, el comportamiento y los modos de ser que se deberían adoptar para poder transitar gratamente la ruta de la felicidad.

Por otra parte, es necesario recordar que la aparición del conocimiento humano dio comienzo a la era del saber en la cultura occidental, por medio de los griegos. Ello trajo consigo el estudio de la conducta humana, en lugar de continuar considerando la costumbre como conducta humana, característica inherente o inseparablemente unida al propio ser humano. Dicha conducta es analizada únicamente por la ética, que estudia lo que está bien y lo que está mal en su forma de manifestarse. Ahora, como la ética es una ciencia racional, estudia el procesamiento de los pensamientos, las ideas y los actos morales de la persona, lo que nos hace entender y vivir la realidad, la cual está integrada por el conjunto de criterios, principios, normas y valores propios de los seres humanos.

A la moral le corresponde establecer la manera en que una persona debe actuar en determinadas circunstancias, mientras que la ética solo reflexiona sobre las razones que justifican ese comportamiento moral. De ahí que la ética se encargue de tratar de explicar racionalmente cómo enseñar a vivir y disponerse a lograr tal fin. Estudia la realidad humana en busca de principios y de valores que nos permitan ser mejores seres humanos y, desde luego, poder contribuir a mejorar el mundo en el que vivimos.

El estudio que continuamente vienen haciendo muchos estudiosos sobre la ética se justifica plenamente por la complejidad que experimenta el comportamiento del ser humano. Por la complejidad de este, presenta innumerables manifestaciones conductuales y modos de ser ocasionados por el conjunto de circunstancias, de toda naturaleza, que influyen en él (genéticas, ambientales, principalmente mentales, etc.) y que lo rodean o condicionan. Por consiguiente, dicho estudio debe ser objetivo, racional y razonable. Este esfuerzo ético es válido para los hombres de cualquier lugar geográfico, cultura, credo y tiempo.

La reflexión ética se realiza para avanzar personalmente en todos los órdenes del comportamiento humano, así como para tomar conciencia de las acciones del hombre, sus medios y sus finalidades y para ayudarlo en su aspiración de realizarse como ser humano, privilegiando siempre el bien común.

La evolución del estudio reflexivo de la ética nos ayudará a ser más libres, más solidarios, más veraces, más auténticos, a descubrir lo que verdaderamente queremos y nos conviene, así como para orientar a nuestras vidas según nuestras propias aspiraciones. Todo ello se logra porque nuestro proceder en la vida como persona es el único responsable de nuestro éxito en el futuro, bajo las circunstancias condicionantes que sean. Por ello necesitamos de la ayuda de la reflexión ética, el conocimiento humano y las motivaciones correspondientes para decidir sobre nuestra propia y conveniente manera de ser.

Conviene advertir que son muchos los campos de la actividad humana en los que se puede especializar la ética, como en los negocios, la economía, la ingeniería, la medicina, la familia, la comunicación, etc. Sin embargo, se debe tener presente que la vida ética es un todo organizado, cuyo principio y centro es únicamente la persona.

2. De la contención expresiva y la persona

Debe entenderse como la capacidad que tiene o que ha desarrollado una persona para poder ejercer su autocontrol locuaz. Ella lo logra usualmente por medio de la activación y el mantenimiento de la fuerza de voluntad en un nivel satisfactorio. Esta activación se alcanza, como se ha explicado antes en este texto, mediante la concientización y la convicción de su conveniencia. De este modo se consigue evitar o reducir el hablar mucho e innecesariamente ante los demás. El poder utilizar esta voluntad nos permite expresarnos ante los otros en cualquier ámbito al que concurramos y en el que nos presten atención, evitando siempre el hablar en demasía sobre temas que no se correspondan con la ocasión o en aquellos lugares donde no resulte apropiado ni se considere conveniente hacerlo.

Se advierte que hablar más de lo razonable o necesario en ciertas ocasiones puede ser criticable, aun cuando en algunos casos pueda justificase tal proceder por las circunstancias que rodeen un momento determinado.

En ciertas oportunidades, algunas personas se extralimitan en hablar sobre alguna materia que conocen poco, en cualquier reunión o auditorio ante el cual se encuentren, debido al afán de querer ser tomadas en cuenta en todos los sitios a los que asistan. Ello se podría atribuir a un reflejo de falta de humildad, carencias intelectuales o unas desmedidas ansias de notoriedad.

Por otra parte, la persona debe siempre evitar introducir ante los demás temas polémicos que no conozca suficientemente bien y que podrían causar controversias entre los presentes, particularmente en todos aquellos ámbitos que usualmente frecuente, a fin de cuidar y de preservar su reputación.

La tendencia de algunas personas de querer ponerse en evidencia frecuentemente en cualquier ámbito en el cual se encuentren podría atribuirse también al hecho de que no son conscientes del gran valor que tiene la prudencia, cualidad que se caracteriza por aconsejar que siempre se actúe reflexiva y cautelosamente ante cualquier situación que se presente, evitando de esta forma incurrir en posibles dichos o hechos erróneos o desacertados.

Es importante recordar que una vez que se active conscientemente la fuerza de la voluntad, ella tiende a transformarse o convertirse en autodisciplina, factor que es muy importante para emprender eficazmente cualquier empresa que nos propongamos realizar, inclusive ser parco en el hablar como norma de vida. También ella es importante, por cuanto integra un cuerpo de normas que rigen o dirigen el funcionamiento eficiente de cualquier actividad que deseemos realizar en cualquier orden del quehacer humano. Además, influye directa y favorablemente en todos los aspectos de la vida, incluyendo en evitar que caigamos en la tentación de expresarnos en un momento inoportuno ante los demás sobre alguna materia determinada, cuando no es necesario ni justificable hacerlo.

El exceso de habla de las personas podría disminuir gradual y favorablemente poniendo en práctica la indicada autodisciplina y la moderación y aplicando sistemáticamente la autorreflexión rectificativa. Todo ello contribuye a que se configure un muro de contención expresivo que proteja a dichos individuos para que resistan la tentación que los acecha de hablar más de lo necesario. Esta tendencia se observa generalmente en personas egocéntricas —que exageran su propia personalidad— o con mentes poco educadas.

Aunque hablar sirve para relacionarnos, no es sencillo ni fácil para algunas personas determinar cuándo es el momento de dejar de hacerlo y escuchar a los demás. Prestar atención debida a quien habla puede constituir una fuente de conocimiento, particularmente cuando quien se expresa es una persona que tiene similares o mayores calificaciones intelectuales que nosotros.

Conviene reiterar que por medio de la aplicación eficaz de este muro de contención que se viene discutiendo y que se promueve en esta consideración, las personas se harán más comedidas al juzgar, obrar, actuar y expresarse ante los demás acerca de algún asunto, evitando o reduciendo, en buena parte, la locuacidad innecesaria que generalmente las acompaña y que puede afectar la imagen de ellas como personas instruidas y serias.

En virtud de lo expuesto en esta consideración, el lector debe convencerse y aceptar, como norma indiscutible y conveniente de practicar normalmente, el hecho de que hablar más de la cuenta en cualquier lugar, coloquio o auditorio ante el cual se encuentre le puede traer contratiempos indeseados en todo aquello que se proponga o persiga lograr en la vida, bien sea de alguien o de cualquier organización. Asimismo, tal forma de conducirse cotidianamente en cualquier ámbito que frecuente puede inducirlo a incurrir en errores innecesarios.

Ilustraciones

A continuación se ofrecen algunos ejemplos que podrían ser vividos:

1) Usualmente se da el caso de que los directivos de una organización realizan una reunión con los empleados para analizar un tema de interés. En esa reunión se escuchan las opiniones de algunos presentes acerca del asunto que los ha convocado. Entonces ocurre que uno de ellos, que no se ha preparado lo suficiente ni domina la materia en cuestión, no se abstiene de intervenir, como lo aconseja la prudencia, y al contrario: emite una opinión desacertada, que los presentes consideran inconveniente. Ese desatino posiblemente empañe su imagen profesional dentro de la organización. Lo ocurrido se debió a la incontinencia expresiva y el afán de este empleado de hacerse notar ante los directivos y sus compañeros de trabajo, poniendo en evidencia su falta de preparación y de conocimientos sobre esa materia, así como la incapacidad de ejercer la oportuna prudencia recomendable en estos casos.

2) Se da el caso de una persona que acaba de llegar a una reunión pública donde se está considerando un asunto importante que preocupa a la comunidad. Las personas congregadas en ese lugar están tratando de proponer soluciones factibles, que puedan ser viables para resolver el problema que se afronta. De pronto interviene en la reunión la persona recién llegada al lugar, que no conoce ni está familiarizada con el fondo del problema en cuestión y propone una solución que es considerada inviable e insensata, lo cual ocasiona su abucheo. Tal situación, que lastima su autoestima, fue ocasionada por el deseo incontenible de hablar y de hacerse notar. Lo prudente en este caso hubiera sido solicitar a los allí reunidos una explicación sobre el problema que se estaba planteando, y en el caso de conocer una solución viable para resolverlo, similar a uno ya resuelto previamente por él, ponerla a consideración de los demás.

3) También conviene agregar a los ejemplos que ya han sido señalados el hecho de que algunas personas cuando son preguntadas sobre un asunto o desean comunicar a los otros algo

que ellas conocen tienen la propensión de expresarlo generalmente con demasiados detalles, la mayoría de los cuales suelen ser intrascendentes. Es una manera de desahogarse en el hablar. En cambio, lo que procede en estos casos es centrar o limitar la respuesta o el comentario respectivo a lo esencial o medular de lo que se vaya a expresar y no crear el agravante de que lo hagan muy extenso por el deseo incontenible de hablar. Por lo tanto, se sugiere a dichas personas limitarse a contestar únicamente lo que se les requiera, hacerlo de forma parca y no entrar en mayores detalles, que pueden ser innecesarios.

En los tres casos citados a modo de ilustración, las personas involucradas revelan una inclinación a hablar en demasía por incontinencia verbal, al exhibir un gran deseo de notoriedad antes los demás y alargar las opiniones solicitadas o comunicadas por ellos a los demás por propio deseo, sin medir las consecuencias que pueden incidir negativamente en su respetabilidad personal.

Conclusiones finales

Esta forma poco racional de actuar ante los demás hace que las personas sean consideradas inconvenientes y generalmente objeto de críticas. Usualmente lastiman su autoestima. Todo esto se puede evitar, como lo hemos sostenido anteriormente, si aplicamos nuestra voluntad disciplinante sobre estas tendencias que nos acechan, haciendo uso oportunamente de la prudencia, la moderación y la cautela. De esta manera preservaríamos nuestra imagen respetable y grata ante cualesquier persona que nos aprecie y estime.

Queremos advertir al lector que debe esforzarse en compenetrarse con todo lo aconsejado en esta consideración, pues si no logra hacerlo o extraer una experiencia beneficiosa del meollo de lo ya planteado aquí, para aplicarlo en el futuro con eficacia, podría ocurrir que él también incurra en los mismos errores y reciba similares respuestas que puedan lastimar su autoestima.

Finalmente, se pone en evidencia lo indispensable que constituye para el lector desarrollar un autocontrol expresivo que sea reflexivo y rectificativo de sus actos, acciones, palabras y maneras de obrar, a fin de evitar caer nuevamente en penosos desaciertos. Pues estas fallas en que podemos incurrir dejarían mucho que desear de nuestro nivel de preparación intelectual ante los demás y lamentablemente nos pueden crear una combinación negativa de ideas, tendencias y emociones que pueden permanecer en el subconsciente, influir en nuestra personalidad y algunas veces hasta determinar nuestra conducta futura.

3. Del control de las emociones y la persona

Las emociones en el ser humano tienen una gran influencia en su salud mental y orgánica y, por consiguiente, en su comportamiento y en las relaciones con los demás. Poco después del nacimiento del ser humano empezamos a manifestar emociones básicas o primarias como el miedo, el enojo y la alegría, entre otras. Luego, durante su crecimiento, se van haciendo más complejas, gracias al aprendizaje en el hogar y en los ámbitos social y ambiental.

El significado del término "emoción" es el de ser un impulso que acompaña a la acción en muchos casos. Podemos afirmar, en general, que las emociones son **reacciones psicofísicas subjetivas que nos permiten ponernos en alerta, cuando son de signo negativo, ante determinadas situaciones que pueden implicar peligro, amenaza o frustración, entre otras cosas. Sus componentes** centrales son las reacciones fisiológicas —incremento de la frecuencia cardiaca, de la respiración, de la tensión muscular, etcétera— y de los pensamientos.

Ahora, según algunos psicólogos, el origen de las emociones proviene de la subjetividad (modo de pensar o de sentir de cada persona) que le atribuye la persona a un hecho determinado y a cómo los pensamientos ejercen su influencia sobre ellas durante ese momento. De ahí que ante un mismo hecho, dos personas puedan sentir diferentes emociones.

Las emociones son de signo positivo y negativo. Las primeras convienen a nuestros intereses personales en todos aquellos ámbitos en que nos desenvolvamos frecuentemente y en aquellas ocasiones en las cuales deseamos mantener relaciones armoniosas con los demás, de toda índole, a saber: familiares, amistosas, laborales, sociales, de negocios, etc.

En cambio, las segundas emociones nos podrán causar con frecuencias trastornos mentales y orgánicos (psicosomáticos) que lleguen a configurar un estado de afectación personal en muchos momentos de nuestra vida. Estos estados se suelen traducir en una reducción significativa de nuestra capacidad de desempeño en todas aquellas actividades que necesitemos realizar.

Las emociones que se manifiestan son el amor, la alegría, la confianza, el miedo, la ira o la cólera, el odio, el pesimismo, la confusión, la frustración, la ansiedad, el disgusto y el terror, por mencionar algunas. Las tres primeras son de signo positivo, lo que significa que generan energía positiva y consecuencialmente traen seguridad en uno mismo y alta autoestima, al tiempo que potencian nuestra capacidad de emprender cualquier empresa que nos propongamos. Las restantes son de signo negativo y solo producen energía negativa, por consiguiente, no contribuyen en nada a nuestro bienestar personal, ni tampoco a nuestro buen desenvolvimiento en todos aquellos ámbitos que necesitemos atender. Por tal razón, el efecto de estas últimas emociones debe ser objeto de un cuidadoso autocontrol emocional, tendiente a reducir su incidencia negativa en el funcionamiento psicosomático normal de la persona.

Ahora bien, según la Lic. Viviana Hidalgo, psicóloga, para manejar adecuadamente las emociones "Es primordial comenzar por conocer e identificar los pensamientos que estamos utilizando. La primera tarea es la autoobservación: descubrir qué pensamientos aparecen ante un hecho. De esta forma detectar si están predominando ideas irracionales o pesimistas. Luego podemos pasar a identificar cómo esos pensamientos nos están generando cierto tipo de emociones y qué manejo están promoviendo que les demos. Si tenemos la creencia arraigada de que llorar es malo, posiblemente reprimamos el llanto, mas la emoción seguirá ahí en nuestro interior generando incomodidad de alguna manera. Si optamos por pensar que llorar es sano, sabremos encontrar desahogo y por lo tanto bienestar. No se trata de negar el pensamiento, sino de aprenderlo a usar, de ponerlo en su lugar y potenciar sus posibilidades" (Riso W, 2004).

Conviene tener muy presente que el hecho de que nos autoobservemos y nos centremos con detenimiento en conocer y tratar de averiguar lo que sucede en nuestro mundo interior, tanto a nivel mental (intelecto, ideas, creencias) como emocional (reacciones psicofisiológicas), va a permitirnos tener un mejor autocontrol del desarrollo de nuestros pensamientos (que son "efectos" de nuestro "pensar") y, por consiguiente, un manejo más adecuado de nuestras emociones. Es bueno advertir que lo que designamos como control mental implica o se debe comprender como una mejor conducción de nuestras emociones o de nuestra vida emocional. Para lograr esto, es necesario reconocer que somos responsables de los pensamientos que generemos; nos sentiremos según el procesamiento que estos pensamientos sufran.

En cuanto a las emociones, muchas de ellas nos pueden impactar inesperadamente, como partículas energéticas que son, como la tristeza por la muerte de un ser querido, el enojo por un despido injustificado, el miedo por un asalto, etc. En estos casos, nuevamente tienen una gran importancia los pensamientos que surjan alrededor de lo sucedido, pero sobre todo, el permitirnos sentir las emociones respectivas y expresarlas de una manera correcta sin afectar a otros, para así poder integrarlas sanamente a nuestras vivencias personales.

Los **psicólogos** consideran que la **paciencia** resulta muy importante a la hora de que las personas ejerzan su autocontrol emocional al tiempo que les enseña a autoperdonarse por sus fallas y por sus equivocaciones, lo cual contribuye al equilibrio de sus mundos interiores y las prepara para aceptar las debilidades y los errores de los demás.

Cuando nos referimos al autocontrol mental de las emociones y de sus incidencias en nuestro comportamiento humano, debemos dirigirlo particularmente a aquellas emociones que son negativas, que producen energía de signo negativo y, como consecuencia, sufrimiento, ya que están signadas por su carácter irracional o pesimista.

No obstante, controlar o manejar las emociones convenientemente no significa, por cierto, reprimirlas o negarlas, sino tratar de transformar aquellas negativas en positivas para que puedan contribuir a transitar gratamente la vida. Además, aprender a manejar las emociones no implica aspirar a que nunca vayamos a sentir emociones negativas. No, hay momentos en nuestra vida en que podemos sentir emociones negativas, como el miedo o el enfado, bajo circunstancias que lo justifican. Esto es natural, y no podemos negarlo.

Los lectores deben tener claro que no va a ser tarea fácil ejercer este autocontrol mental adecuado respecto de las emociones negativas, pero tampoco muy difícil si perseveramos tesoneramente en desarrollar un razonable grado de destreza en el manejo emocional, que nos permita identificar e interpretar los rasgos característicos de estas emociones, las circunstancias en que se producen o se manifiestan en un momento determinado y las consecuencias que tienen en la conducta adoptada por las personas que son afectadas.

Debe entenderse que la indicada identificación constituye la tendencia que tenemos de enfocar y mantener la atención en ciertos pensamientos que se hacen presentes en la mente. Si de pronto nos viene una idea, y nos mantenemos pensando en ella, decimos que se ha producido una identificación con el pensamiento que la contiene o se ha transformado en ella. Donde nuestra atención mental se fija, allí hay identificación.

Poniendo en práctica este enfoque, lograremos reducir, minimizar y hasta acercarnos a la eliminación de los efectos que producen las emociones negativas.

Conviene tener presente que somos nosotros mismos y la perseverancia que apliquemos con tesón los principales protagonistas que ejercen el control adecuado de nuestras emociones negativas, sin quitarle méritos a la ayuda profesional que se nos pueda proporcionar.

A esta altura del presente desarrollo, reiteramos que al hablar de emociones, también nos estamos refiriendo a los pensamientos, según indica el Dr. Renny Yagosesky, Ph.D. en Psicología Cognitiva[2], ya que existe una estrecha relación entre ambos términos, al influir los pensamientos negativos en las emociones y algunas veces hasta determinarlas, definiendo ellos nuestro estado de bienestar y de salud.

Una persona que tenga predisposición mental a procesar pensamientos de signo negativo también estará generando emociones negativas acerca de algunas situaciones que presienta que le puedan ocurrir y, por consiguiente, va a sentirse pesimista, proyectando una imagen y una energía negativas ante los demás, así como experimentando sensaciones que la incapacitan para reflexionar o pensar de forma racional.

A continuación se cita un cuadro ilustrativo presentado por el Dr. Yagosesky sobre algunos pensamientos negativos comunes que se corresponden con las emociones:

---

2 Escuela de la psicología que se encarga del estudio de los procesos mentales que llevan en sí el conocimiento.

CUADRO DE PENSAMIENTOS NEGATIVOS Y EMOCIONES	
No debería ser, no es justo.	Rabia
Algo malo podría sucederme.	Temor
No creo poder lograrlo.	Inseguridad
Si me expongo, me rechazan.	Timidez
Debí (o no) hacer eso o de esa forma.	Culpa
Algo en mí es inadecuado.	Vergüenza
He perdido algo valioso.	Tristeza
Nada cambia, todo es igual.	Aburrimiento
Nada puede mejorar las cosas.	Desesperanza
Esto es horrible, insoportable.	Asco
Esto me molesta, pero temo decirlo.	Resentimiento
Esto debería ser para mí.	Envidia
Puedo perder esto valioso, que es mío.	Celos

Considerada esta influencia, deberíamos afirmar que nuestra capacidad de razonar y nuestros pensamientos positivos pueden convertirse en nuestros aliados, mientras que aquellos que son negativos, que influyen en las emociones negativas, se transforman en los peores enemigos de nuestro bienestar físico, emocional y social.

De ahora en adelante se presentan algunas afirmaciones que hace el mencionado psicólogo sobre la importancia que tienen los pensamientos debido al papel que juegan en la vida de los seres humanos.

Cabe destacar que el pensamiento es una creación de la mente y constituye el **efecto** del pensar. Es todo aquello traído a la existencia mediante la capacidad humana de comprender y razonar. El pensamiento es una experiencia interna y subjetiva, por medio de la cual podemos inventar, encontrar respuestas, resolver problemas y mucho más. Es decir, es un cuerpo de energías positivas o negativas.

La palabra "pensamiento" define todos los productos que la mente puede generar, incluyendo las actividades racionales o las abstracciones de la imaginación. Todo aquello que sea de naturaleza mental es considerado pensamiento, ya sea este abstracto, racional, creativo o artísticos.

Cabe tener presente que el pensar es la actividad que la naturaleza nos ha entregado. La mente nos hace humanos, es el poder más grande que tenemos. El estado de nuestros pensamientos determina nuestra vida, y la vida cambia cuando cambian nuestros pensamientos.

No podemos crear pensamientos positivos y negativos al mismo tiempo. Uno o el otro debe dominar. Tenemos la responsabilidad de asegurarnos de que los pensamientos positivos se constituyan en un hábito dominante en nuestra mente. Esto es muy importante.

La mayoría de la gente intenta cambiar las condiciones externas pensando que con esto va a resolver sus vacíos internos. Desafortunadamente es en vano, o en el mejor de los casos temporal, porque el cambio duradero debe darse a un nivel mental, es decir, al nivel de pensamientos, creencias y valores.

Sembrar pensamientos positivos es la mejor manera de ganarle a la negatividad. Todo lo que encuentra lugar en la mente crece y se refleja en nuestra vida, sobre todo en aquello que miramos con persistencia. En cambio, todo aquello que tratamos de olvidar o ignorar desaparece poco a poco.

A propósito de los pensamientos, es conveniente tener presente que la esperanza y el optimismo son fuente rica de pensamientos positivos. Cada pensamiento tiene su manifestación como cuerpo energético, sea la energía buena o mala, por consiguiente, todo lo que hacemos es el resultado fructífero y directo de los pensamientos, lo que sentimos, realizamos y decimos.

Hay que reiterar que los pensamientos que corrientemente generamos pueden determinar o dan origen a las emociones, las cuales se pueden considerar como moléculas energéticas que circulan por nuestro cuerpo. Por tal razón, cuando se haga presente en nuestra mente un pensamiento negativo ocasionado por la actitud inconveniente que adoptemos en un momento determinado, hay que encender las alarmas sobre su contenido, fijarse detenidamente en él y tratar de analizarlo. Ver si él tiene alguna justificación ocasionada por algún asunto que nos haya ocurrido en nuestro quehacer diario. Si este no es el caso, recapacitemos, desconectémonos y descartémoslo.

En nuestra vida, los pensamientos negativos no son deseables, porque lo que usualmente hacen es crear emociones negativas o moléculas con energía de igual signo, que siempre van a afectar nuestro comportamiento orgánico.

4. De la estadística

Es la ciencia que trata de la colección, la clasificación y el uso de hechos numéricos o de información relacionada con una materia específica o tópico considerado. Un aspecto muy importante que surge de la utilización de esta ciencia es la tendencia que generalmente se desprende del estudio de una muestra sobre un tópico específico. Esta tendencia podría revelar una inclinación que puede ser considerada valiosa para su análisis.

Es muy conveniente utilizar esta ciencia con la frecuencia que sea necesaria, particularmente cuando se vayan a expresar afirmaciones que puedan contener elementos polémicos, a fin de que nos protejamos de respuestas inconvenientes que puedan afectar nuestra autoestima.

Basar nuestras afirmaciones en hechos poco conocidos, aislados y no generalizados puede constituir un error, y en caso de que ello ocurra, dejaríamos mucho que desear ante los demás por nuestra ligereza al hablar, así como por nuestra preparación intelectual.

Por tal razón, las personas deben tener siempre presente la importancia de utilizar información estadística o generalizada sobre un asunto específico antes de emitir opinión sobre él, por cuanto tal previsión nos da seguridad y tranquilidad personal sobre la objetividad que tiene lo que sostenemos. Además, ello le proporciona a nuestra afirmación un carácter de seriedad y de confiabilidad que nos permite mantener y preservar la respetabilidad ganada ante los demás, por conducirnos racionalmente durante la vida, particularmente cuando estemos en presencia de un auditorio.

5. De la prevalencia del convenir sobre el querer

Generalmente las personas tienen una propensión natural a sentir, pensar y desear experimentar o ejecutar una acción usualmente personalista y caprichosa, basada en un sentir que tienen sobre alguna cosa o persona. Por tal razón, el indicado acto no es previamente sometido a reflexión autocrítica alguna y, como consecuencia, la persona que lo va a ejecutar posiblemente desconozca si su realización es o no de su propia conveniencia o si afecta el bien común. Sin embargo, esta persona puede alegar que lo hace porque quiere o le provoca hacerlo.

Esto lo hace buena parte de la gente y pareciera constituir una forma voluntariosa de demostrar a los demás su capacidad de decidir sobre cualquier asunto o cosa, sin medir sus consecuencias. Esta forma de actuar constituye realmente un error, porque todo lo que a uno le gusta opinar o hacer no necesariamente responde a nuestro propio beneficio, al de nuestra familia, al de nuestras amistades ni tampoco a los entornos habituales de nuestra vida, en resumen, al bien común.

Por lo tanto, es aconsejable privilegiar siempre, en cualquier caso, el uso del verbo **convenir** sobre el uso del verbo **querer**, por cuanto el primero tiene un fin racional con respecto al segundo, al medir su propio beneficio y el de sus familiares, teniendo siempre en cuenta el bien común.

Ahora bien, conviene señalar que este bien común responde a un concepto amplio, ya que en general puede ser entendido como aquello que beneficia a todos los ciudadanos o a los sistemas sociales, instituciones o medios socioeconómicos, de los cuales todos dependemos y que, por tal razón, es muy importante que funcionen bien y presten un beneficio eficaz a toda la gente.

Lo analizado aquí sobre la conveniencia preferencial que debe tener el uso del verbo **convenir** sobre el verbo **querer** adquiere marcada relevancia en nuestro quehacer cotidiano, pues reiterando podemos insistir en que la utilización impensada del segundo verbo puede perjudicar a quien lo aplique, a sus familiares, a sus allegados y a todos.

Seguramente esto les ocurre a todas aquellas personas muy poco preparadas intelectualmente y que, por consiguiente, no acostumbran a realizar un análisis previo de la incidencia negativa que pueden ocasionar sus actos en todos los órdenes de su quehacer cotidiano.

6. De la persona y la oportunidad

La relación entre la persona y la oportunidad que se presenta para lograr obtener algo de alguien determinado generalmente es una combinación de circunstancias y de factores, muy especialmente de tiempo y de lugar. Además, la combinación aludida puede usualmente estar acompañada de algunos condicionantes que contribuyen a lograr el objetivo pretendido. Ello es cierto por cuanto imprevisiblemente pueden surgir otros requerimientos en la consecución de lo que se persigue, los cuales también deberían ser considerados previamente y, en lo posible, por el interesado en cuestión, cuando se aproxime el momento de materializar lo que aspira lograr. Igualmente, deben hacerse similares consideraciones cuando el caso no sea personal, cuando sea necesario elevar lo pretendido ante una instancia organizacional pública o privada determinada a la que le competa conocer lo requerido en forma verbal o escrita.

El tener sentido de la oportunidad se puede considerar como una habilidad o una cualidad desarrollada por una persona a lo largo del tiempo, dirigida a la toma de decisiones o a la acción de un mecanismo mental en el momento oportuno para lograr un propósito deseado. Una persona dotada con estas características particulares de previsibilidad estratégica va a tener mayores posibilidades de alcanzar el éxito en cualquier asunto que se proponga emprender, que aquella otra que no cuente con tal habilidad o que no la haya desarrollado todavía.

En el caso personal anterior, en el que se requiere obtener alguna cosa de alguien, se debe proceder a seleccionar cuidadosamente el momento y el lugar que sean más convenientes y oportunos para lograr el fin aspirado. Conviene señalar que hay que saber combinar inteligente y prudentemente estos dos factores fundamentales. En el caso que nos ocupa, la situación más favorable podría ser aquella en que la persona (alguien) está sola y refleja sosiego, entonces podría darse la ocasión propicia para que se realice la aproximación correspondiente y se logre con éxito lo que se desea obtener.

También puede presentarse una oportunidad conveniente cuando la persona que va a ser objeto de algún pedimento se encuentre en un sitio propicio para el propósito que se espera alcanzar, donde esté sola o haya poca gente que la acompañe, o se observe en ella buena disposición de ánimo, o proyecte buen humor. Estas parecen ser ocasiones favorables para tratar con esa persona algún asunto de su competencia y de nuestro interés. Y si no fuera de su directa responsabilidad ese asunto, ella probablemente podría influir sobre otra persona que conozca y a la que sí le pueda competir directamente el caso planteado, por la posición que ocupa en el mismo organismo o en otro determinado.

En el supuesto caso de que un empleado de una empresa que haya desarrollado buena capacidad imaginativa y tenga inclinaciones creativas desee aportar algunas ideas que considere beneficiosas para el mejor funcionamiento de esa organización, las cuales elevarían su rentabilidad, necesariamente va a tener que aplicar también aproximaciones tácticas similares a las aludidas en los casos arriba citados, a fin de exponer y de convencer a la gerencia o a la dirección de la empresa con argumentos bien fundamentados sobre la conveniencia de su proposición.

Como se puede observar, la oportunidad y el momento favorable son factores muy importantes para obtener beneficios de naturaleza personal u organizacional que nos puedan interesar. Sin embargo, no siempre se dan las circunstancias propicias que nos permitan aplicar tales factores con facilidad y, por lo tanto, algunas veces se puede requerir que apliquemos una serie de consideraciones pertinentes previas en cada caso que se nos presente.

Hasta ahora, el sentido de la oportunidad se ha entendido como el interés de alguien por algo de cualquier naturaleza requerido de otro, pudiendo ser este último una persona, varias, o también una instancia organizacional, en cuyo caso deben ser considerados nuevamente el tiempo y el lugar, entre otros, como factores fundamentales.

Lo recomendable para cualquier persona es no tomar decisiones sin antes contar, en lo posible, con todos los elementos de juicio necesarios, que garanticen condiciones convenientes para que la decisión tenga éxito. Eso es lo conveniente, lógico e inteligente. No obstante, para cierto tipo de personas que cuentan con buena experiencia sobre el particular, en cuanto a capacidad reflexiva y análisis previo se refiere, no es necesario esperar mucho tiempo para tomar la decisión correcta. Sin embargo, en el caso de otras personas, que no cuenten con tales cualidades y habilidades, suele ocurrir que requieren más tiempo para actuar, y por ello se corre el riesgo de que pase el momento favorable, y la decisión o acto se realice a destiempo, al tomarse antes o después del momento necesario.

Finalmente se puede advertir que para aprovechar eficazmente el sentido de la oportunidad en toda su extensión y en cualquier requerimiento, también es conveniente acompañarlo de cierto grado de prudencia, astucia y arrojo, para asumir la responsabilidad que surja del efecto que tenga la decisión tomada.

7. De la reacción del sujeto ante el mensaje ulterior

Generalmente algunas personas se dirigen a otras para saludarlas y conversar sobre cualquier asunto que conozcan, que consideren interesante y que deseen comentar y compartir con los demás para expresarles un sentir sobre alguien o algo; para comentarles su opinión sobre algún tema que pueda ser de interés común, o para requerir de una o de varias de ellas algo que puedan poseer o estar a su alcance y que sea de alguna utilidad para alguien que lo esté necesitando. En fin, en todos estos casos, como en muchos otros de naturaleza similar, corrientemente sucede que el vocabulario usado por esas personas pueda contener términos con significados que se pueden prestar a ser malentendidos y, por lo tanto, no se sabe qué interpretaciones les puedan atribuir el sujeto o los sujetos que los reciban. Para evitar estos posibles efectos contraproducentes, es indispensable que las personas se concienticen sobre la importancia que tiene **el saber pensar**, es decir, el reflexionar previamente, con juicio crítico, sobre el significado de cada palabra antes de que la pronuncien.

El éxito que las personas puedan lograr por medio de lo aconsejado en el párrafo anterior va a depender, en buena parte, no solo del significado que el sujeto o los sujetos puedan atribuirles a los vocablos recibidos en cada caso específico, hecho que juega un papel importantísimo para todos los fines que se aspiren alcanzar en la vida, sino que también va a estar condicionado por el tono y por la inflexión de voz que sean utilizados por los interesados, así como por la manera de pronunciar algunas palabras y adoptar gestos corporales al expresarse ante los demás.

Reiterando todo lo expuesto, conviene insistir en que si el caso fuera lograr alguna cosa de los demás, necesariamente se debería tener especial cuidado en tratar de elegir la oportunidad y el tiempo justo para expresar ese deseo por algo, así como tener presente y estar preparado por si se llegasen a presentar factores logísticos imprevistos.

La connotación o enfoque que le pueda atribuir el sujeto receptor a lo que le es expresado por alguien, es lo que llamamos en esta consideración **mensaje ulterior**.

Sobre la base de todo lo expuesto y para evitar interpretaciones indeseadas, se insiste ante las personas en la necesidad imperiosa de seleccionar y reflexionar previamente sobre la acepción del significado del vocablo que más convenga en la ocasión de las palabras que se usarán en un caso y con un determinado fin, así como de las frases u oraciones que serán expresadas ante el otro o los otros, con el objeto de prevenir o evitar que el mensaje tenga un efecto contraproducente. Pues de lo contrario, el indicado mensaje podría ocasionar una reacción negativa en el sujeto o sujetos receptores, muy distinta a la respuesta positiva que se estaría esperando, especialmente cuando se esté deseando obtener algo muy particular.

Así que esta forma de evitar malos entendidos o interpretaciones erróneas cuando nos toca expresarnos ante otro u otros sobre algún asunto en particular solo se podrá lograr exitosamente en la medida en que nos concienticemos y convenzamos de la gran importancia que tiene medir cuidadosamente el alcance expresivo e interpretativo de lo que queremos o necesitamos transmitir a los demás de una manera positiva. Es la única manera de prevenir la posible carga negativa que pueda contener, llevar o atribuírsele a un mensaje que dirijamos a amigos, familiares, compañeros de trabajo, socialmente, en negociaciones o ante cualquier organización. En pocas palabras, debemos tratar de imaginar, en lo posible, que estamos pensando y percibiendo con la cabeza del otro o de los otros como sujeto o receptores. Todos estos requerimientos, por su alta razonabilidad, nos obligan a desarrollar una capacidad disciplinante estricta que nos permita, sin excepciones, darle cumplimiento a las recomendaciones indicadas aquí.

Finalmente podemos afirmar que poner en práctica los consejos y las orientaciones que ofrece esta consideración de una manera sistemática, es de gran importancia y utilidad personal en todos los órdenes que persigan los seres humanos, siempre que se desee y se aspire a tener éxito en todo asunto que sea de interés, así como en el emprendimiento de cualquier empresa que nos propongamos durante la vida.

8. De la superación personal

La superación personal es un proceso de ascenso instructivo en el campo del saber, que deben adoptar, haciéndolo propio, todas las personas conscientes que deseen evolucionar o surgir en su vida en un mundo globalizado. Este proceso se mueve al ritmo de las innovaciones científicas y tecnológicas, en las que siempre prevalecerá el presente y para las que en el futuro será clave el conocimiento, es decir, el insumo del saber. Por tal razón, la superación personal implica la capacidad y la disposición mental de la persona a crecer en conocimientos mediante el esfuerzo consciente y voluntario del ejercicio de la fuerza de voluntad. Por este medio, el indicado crecimiento necesario para alcanzar la superación personal bien entendida se puede ir obteniendo en la medida de nuestro empeño, una experiencia que se cultive y fructifique, que se logre durante el quehacer humano cotidiano, así como de otras fuentes de conocimientos provenientes de la preparación técnica o profesional significativa, complementándose, a su vez, con la percepción informativa procesada mentalmente y captada de diferentes fuentes nacionales e internacionales por sus sentidos, particularmente por la vista y la audición.

Esta aspiración personal de desarrollar y elevar el potencial adquirible de conocimiento humano siempre debe estar caracterizada por ser perseverante a lo largo de la vida, pues esto conducirá generalmente a las personas interesadas en su progreso a sobresalir respecto de sus posibles competidores en cualquier ámbito técnico, profesional o científico en que les toque desempeñarse, lo cual les permitirá llevar una vida de bien ganado aprecio y consideración por sus jefes, conocidos y allegados. La vida de estas personas con renombre no debe entenderse como una vida que solo proporcione más comodidades materiales sino también como un medio de satisfacción personal que contribuya a enaltecerlas.

Todos estos conocimientos humanos alcanzados y estas habilidades desarrolladas constituyen un activo muy valioso e imprescindible para las personas. Por tal razón, deben acrecentarlo, cultivarlo y preservarlo durante toda la vida, apreciándolo en todos aquellos casos donde sea de utilidad, como para ingresar al mercado laboral o ser promocionados en cualquier organización donde ya presten servicios. Ello también les permitirá poder competir con éxito ante los demás en cualquier potencial selección o candidatura para dirigir cualquier alta posición dentro de la empresa. Para poder asegurarse el tener mayor oportunidad en estas ocasiones, es conveniente tener siempre presente la importancia que les conceden dichas organizaciones a aquellos empleados distinguidos por su diligencia, imaginación, creatividad y disciplina, que han mostrado en sus posiciones técnicas y de profesionales universitarios, así como por la disposición o cualidad que exhiben en la parte relacionista, es decir, por practicar usualmente la inteligencia emocional en sus actividades sociales y de negocio.

Además, la superación personal, convertida en activo o en haber, permite a las personas tener éxito en cualquier empresa que se propongan.

Son muchos los factores que conspiran contra un crecimiento personal apropiado, pues frecuentemente se encuentran personas que viven desesperanzadas debido a que sus mentes procesan información sobre creencias erróneas y dañinas que se les han formado con el transcurrir del tiempo acerca de lo que se puede alcanzar en la vida. Esto produce emociones negativas que se traducen en sentimientos de angustia, temor o incluso ira, contra ellas mismas o contra los demás, lo cual es perjudicial y lamentable.

Durante el proceso de cambio evolutivo de las personas en busca de su superación ante los escenarios que les presenta la vida, ellas deben lograr evadir los pensamientos negativos que sean evocados involuntariamente y que les impiden aumentar su crecimiento con esperanza y optimismo. Lograr eludir dichos pensamientos obliga a adoptar una actitud positiva frente a la vida, la cual se transformará en productiva y generará beneplácito personal.

El hecho de que las personas lleguen a convertirse en seres optimistas no es una transformación fácil de alcanzar. Implica dejar atrás muchas formas de comportamiento humano que se han ido adquiriendo como consecuencia de la observación de la vida en sociedad y que ya se han convertido en parte integrante de ellas. Sin embargo, lo que dichas personas deben ponerse como meta para alcanzar en la vida es lograr albergar en sus mentes solo pensamientos y emociones positivas que hagan que ellas se transformen en otras personas que sean conscientes de haber superado muchas deficiencias que obstaculizaban su progreso ante un mundo globalizado y exigente en todos los órdenes del conocimiento humano en la vida.

En realidad, iniciar el camino de la superación personal implica tener la convicción de alcanzar formas progresistas e innovadoras significativas por medio del procesamiento mental del conocimiento, es decir, de los pensamientos que han sido característicos de los triunfadores.

En la época actual predomina la globalización mundial en casi todos los órdenes del conocimiento humano, la cual está caracterizada por una creciente competitividad de bienes transables a nivel global, debido a los frecuentes avances en ciencia y en tecnología. Las exigencias curriculares en el campo del trabajo usualmente requieren poseer una experiencia y unos conocimientos suficientes sobre determinadas áreas técnicas específicas, poseer un potencial de aptitudes o capacidades que sea desarrollable, para desempeñar una determinada posición organizacional, saber desenvolverse satisfactoriamente en todos los ámbitos donde sea necesario actuar, tener capacidad de razonar crítica y razonablemente acerca de asuntos sometidos a consideración de una reunión celebrada en un momento dado en cualquier organización privada o pública, y poder manejar adecuadamente el dominio emocional de sí mismos (además, se prefiere a aquel que hable y escriba bien el idioma inglés).

Ahora bien, al haber adquirido los conocimientos y las habilidades antes indicados, las personas podrían ser objeto de ciertas deferencias provenientes de sus amistades y de los círculos sociales que frecuenten, como reconocimiento a los méritos adquiridos.

La preservación de estas consideraciones amistosas recibidas obligan a dichas personas a practicar como norma social un nivel razonable de cordialidad y simpatía hacia sus conocidos y un aprendizaje creciente y diversificado en variadas áreas del saber cultural y político de su país, así como de lo que acontece en otros países o bloques regionales en relación con diferentes aspectos de interés nacional e internacional.

Finalmente, todo lo tratado en esta consideración persigue que las personas logren desarrollarse, en buena medida, en el campo de la experiencia y del conocimiento conceptual o conceptualizado, "que consiste en representaciones invisibles, inmateriales, pero universales y esenciales", lo que les permite poder juzgar, obrar, actuar y expresarse ante los demás sobre algún asunto con prudencia, lógica y buen juicio, así como con acierto en la solución de situaciones o circunstancias que se les puedan presentar inesperadamente.

9. De la prudencia y la persona

La prudencia es una cualidad que induce a actuar con reflexión y precaución para evitar obtener resultados opuestos a los que se persiguen. Además, ella aconseja el uso de la circunspección y del recato, que deben practicar todas las personas educadas, instruidas y responsables cuando decidan expresarse ante los demás sobre algún tema que pueda interesarles o competirles. Por tal razón, ellas deben caracterizarse por el buen uso del comedimiento, la seriedad y el decoro en su comportamiento y en las palabras utilizadas. Lo contrario es ser irreflexivo e incurrir en muchas imprudencias.

Una persona es considerada prudente en la conducción de las relaciones interpersonales, en cualquier ámbito social que usualmente frecuente, cuando se informa bien acerca de los criterios rectos y verdaderos que intenta usar en dicha conducción, así como de lo que hay que hacer y ponderar antes de expresarse ante otros sobre una toma de decisión y de las consecuencias favorables y desfavorables para él y para los demás. Posteriormente actúa o deja de actuar de acuerdo con lo decidido.

Esta cualidad puede ser desarrollada por cualquier persona que le conceda la importancia y conveniencia que ella tiene en su comunicación corriente con familiares, amigos y compañeros de trabajo, socialmente y en lo relativo a negocios. La prudencia siempre debe conducirnos por un camino de sensatez, aciertos y aliento en nuestro desenvolvimiento habitual, particularmente frente a cualquier empresa que nos propongamos en la vida.

Además, las expresiones, actitudes o gestos adoptados por nosotros ante los demás siempre deben estar guiados por la prudencia.

Quizás el aspecto más importante para destacar en esta consideración consiste en explicar a los otros el auténtico valor y significado de la prudencia, pues es frecuente utilizar este término únicamente cuando se trata de que adoptemos precauciones, con lo que se pretende convertirla en un sinónimo de cautela, mientras que el verdadero significado está dirigido a la conducta más oportuna que debe tener una persona para lograr aceptación y reconocimiento en la sociedad, lo cual se traduce unas veces en refrenar una acción y otras en impulsarla.

10. De la experiencia y la persona

Es la inclinación o propensión mental que tienen todas las personas a desarrollar un ejercicio interesado y diligente en una o varias actividades a lo largo de sus vidas, mediante la observación y la atención detenida que hagan de las impresiones y de las sensaciones percibidas por sus sentidos (particularmente por la vista y por la audición). Dicha habilidad mental puede ser extendida o profundizada hasta la experimentación, de tal manera que compruebe o demuestre determinados fenómenos o principios técnicos o científicos.

Además, conviene señalarse que la experiencia es considerada una forma de conocimiento o habilidad derivada de la **observación** detenida que realiza toda persona sobre acontecimientos generalmente importantes que ocurren durante el quehacer diario o durante la vivencia de un evento que experimente o que provenga del ejercicio sistemático de una o más actividades.

También podemos sostener que la experiencia, como fuente de conocimiento, contribuye a su valorización, a propiciar un nivel satisfactorio de bienestar personal y material a las personas; la aplicación de la experiencia adquirida colabora con que sea posible percibir algunas situaciones externas, como amenazas a la seguridad de las personas, y otras veces momentos excepcionales que se nos puedan presentar inesperadamente.

Asimismo, cuando una persona adquiere experiencia fructífera y la cultiva sobre la base de la observación y del análisis sistemático que realiza por medio del razonamiento crítico de los hechos y de las realidades que probablemente se le presenten en casi todos los ámbitos que frecuente en su vida, se va enriqueciendo continuamente con el transcurrir del tiempo. En virtud de este proceso evolutivo, se acrecienta valiosamente su formación y su desempeño en variadas áreas técnicas o profesionales de importancia de aquellas organizaciones donde usualmente preste sus servicios, o logra tener éxito en cualquier empresa que se proponga.

Aun cuando la evolución y el cultivo de la experiencia es una fuente importante de conocimientos humanos para todos, como se indica arriba, es muy poco común ver entre la mayoría de la gente corriente el deseo de imitar este crecimiento personal en el saber y tratar de apreciar su valía. Presumimos que este desinterés puede atribuirse, en primer lugar, entre otros factores, a que mucha gente tiende a volverse indolente con el transcurso del tiempo; en segundo lugar, al medio ambiente en el cual se ha ido desenvolviendo, y en tercer lugar, a que no le concede, por desidia, el gran valor que tiene el conocimiento como insumo del saber.

En el caso de que las personas contaran con una amplia experiencia obtenida y cultivada por medio del ejercicio realizado eficientemente por ellas en alguna(s) actividad(es) muy requerida(s) en el campo laboral, eso les permitirá sentir gran satisfacción personal por el conocimiento logrado y un disfrute proporcional de bienes materiales.

Por lo tanto, la experiencia obtenida como resultado de este aprendizaje general a lo largo del tiempo, proveniente de diferentes actividades realizadas en algunos centros de trabajo, es de mucha valía para su aplicación en variados ámbitos que necesiten ser atendidos, así como ante situaciones diferentes que se nos puedan presentar inesperadamente en la vida.

Sin embargo, toda esa experiencia adquirida, considerada una forma de conocimiento, no nos va a permitir aplicarla para conducirnos con relativo éxito en todos aquellos ámbitos que usual o casualmente tengamos que frecuentar. Ello se debe a que la experiencia obtenida de la realización de actividades suele estar dirigida y concentrada fundamentalmente en el ámbito laboral, el cual no abarca las variadas facetas del acontecer de las personas en la vida. Por consiguiente, este conocimiento proveniente de la experiencia generalizada es muy limitado en diversos campos de la conducta humana.

De todo lo expuesto aquí sobre la experiencia, se puede concluir que ella puede constituir una importante fuente de capacitación y de desarrollo de habilidades humanas, particularmente al ser enriquecida y cultivada en el tiempo. Sin embargo, en ningún caso podría ser considerada sustitutiva del sentido común centrado en conductas fundamentales de la persona, contenido en este ensayo, por cuanto tal sentido está basado en consideraciones normativas orientadoras y en forma de guías escritas que comprenden y buscan las soluciones aplicables y más obvias a la compleja conducta humana que manifiesta la inmensa mayoría de la gente en el mundo.

11. De la intuición

Es una percepción directa, clara e íntima que tiene una persona de una verdad o de un hecho, tal como si lo tuviera a la vista, independientemente de cualquier proceso de razonamiento mental. Ella lleva implícita la seguridad y la rapidez de un juicio interno, mediante la adivinación instintiva de los hechos o relaciones abstractas entre ellos.

Algunos teóricos consideran que la intuición proviene de un conocimiento humano que existe, pero que está oculto y escondido en el inconsciente de nuestra psiquis, y que pese a no ser estimado como conocimiento racional, se sabe que influye en la manera en que se elaboran estructuras tan racionales como el conocimiento científico. Generalmente, la intuición genera señales instantáneas, repentinas, a modo de súbitos mensajes del interior, pero que deben ser interpretados adecuadamente. Por ejemplo: "No sé cómo, pero lo sabía". Es lo que solemos decir tras comprobar aquel relámpago de conciencia que tuvimos en un momento determinado de nuestra vida y que nos hizo tomar la decisión correcta.

Si lo piensas, seguro que recordarás muchas ocasiones en las que has sido capaz de saber lo que estaba pensando otra persona, o de averiguar quién llamaba antes de descolgar el teléfono. Tal vez has tenido una corazonada que desafía la lógica, y luego ha resultado cierta.

Cuando la razón—argumento que se aduce en apoyo de algo o de alguien— necesita procesar el conocimiento humano mediante los mecanismos mentales comunes para llegar a una conclusión, toma su tiempo, en cambio, la intuición llega a ella inmediatamente. Debemos considerarla como un regalo de la naturaleza. Según algunos estudiosos, "Algunas personas la tienen, otras no, unas menos, y otras más. Y en general, es más común entre las mujeres que entre los hombres. Las conclusiones derivadas de la intuición son a menudo asombrosamente correctas, sin embargo, no son completamente ciertas".

En relación con el medio ambiente, el autor presume que la intuición puede ocurrir con más frecuencia en ciertas personas, sin tener en cuenta el sexo, que viven aisladas en áreas rurales muy alejadas de las urbanas y en ocasiones en las cuales se encuentren bajo presión o ante un aprieto que les dificulte razonar. También sospecha que en las áreas urbanas pueden acontecer hechos similares a los indicados en las rurales, eso sí, bajo circunstancias parecidas, pero con características propias de las regiones citadinas.

Reiteramos que la intuición es un factor mayormente irreflexivo que puede producir una respuesta verbal razonable, casi involuntaria en ciertos momentos de la vida. Por lo tanto, se considera conveniente solo tenerla presente en este texto.

12. Del desarrollo de la voluntad y la persona

Conviene recordar la gran importancia que tiene la capacidad de desarrollar la fuerza de voluntad, es decir, de activarla, para hacer posible y viable el propósito que persigue el contenido de este ensayo didáctico, así como todo lo que nos propongamos emprender en la vida. Se advierte que este tema ya ha sido examinado previamente en la TERCERA PARTE de este texto, sin embargo, por la importancia que reviste, nosotros consideramos que debemos tratar de continuar conociendo el tema en esta consideración. Por lo tanto, conviene agregar que la persona que aspire a desarrollar un nivel suficiente de la fuerza de voluntad —"Intención, ánimo o resolución de hacer una cosa"— para lograr un propósito, debe convencerse íntimamente de tratar de mantener un poder mental favorable, de un determinado orden. Esto no es fácil de lograr. Todo va a depender del empeño sistemático que le pongamos. Tal persistencia psíquica se va a deber a que la activación de la voluntad está directamente relacionada con un proceso gradual de concientización mental sobre algo que aspiramos alcanzar, de lo cual tenemos que estar convencidos.

Una vez alcanzado el nivel necesario de confluencia de los factores anteriormente señalados para que se produzca la activación en cuestión, dicha fuerza de voluntad nos permitirá poder realizar la mayoría de las aspiraciones que nos propongamos lograr en nuestra vida.

Acerca de la fuerza de voluntad, conviene señalar que una vez que ella se vaya convirtiendo en una fuerza que motorice varias direcciones emocionales que corrijan u orienten beneficiosamente ciertas conductas personales indeseables e incorrectas, que nos vienen acompañando durante el transcurrir de nuestra vida, las indicadas direcciones van tomando un cariz que las transforman en autodisciplinas aplicables en el orden físico, intelectual, emocional o moral.

En otras palabras, esa voluntad nos permitiría ejercer la fuerza que impulse las acciones que deberíamos tomar en cada oportunidad que venga al caso y que, por supuesto, se justifiquen. Ahora bien, por ser tan relevante su nivel como fuerza impulsora, se justifica plenamente mantenerla y preservarla en un grado satisfactorio y beneficioso mediante su ejercitación frecuente, evitando así que decaiga.

Tener fuerza de voluntad es importante para lograr metas de cualquier naturaleza; vencer malos hábitos que hacen que nuestra vida no sea suficientemente grata; mantener relaciones humanas armoniosas y cordiales con las personas que usualmente nos rodean; reducir significativamente la impulsividad que algunas veces nos puede acompañar; lograr y mejorar la productividad en cualquier actividad que ejerzamos; evolucionar en la adquisición del conocimiento conceptual y de su aplicación; contribuir al autocontrol emocional personal; facilitar que nos desenvolvamos con soltura y fluidez en casi todos los ámbitos que visitemos y en todos aquellos en que nos corresponda estar presentes.

La fuerza de voluntad constituye un activo demasiado valioso para mantener y preservar nuestra buena salud psíquica y orgánica, lo más importante para un ser humano, así como el éxito al que debe aspirar toda persona calificada en toda actividad o cargo organizacional que ejerza en cualquier empresa donde preste sus servicios.

Conviene reiterar que la fuerza de voluntad nos permite orientar y mejorar nuestro comportamiento humano ante nuestros semejantes, así como poder controlar razonablemente nuestras reacciones emocionales inconvenientes frente a algunas situaciones que se nos puedan presentar en un momento dado. Por tales razones, nos sentiríamos satisfechos al poder mantener y conservar el crédito que hayamos logrado ante los demás, como resultado de comportarnos como personas sensatas y correctas en todos aquellos ámbitos que habitualmente frecuentemos. Asimismo, nos permite también mejorar otros atributos propios de personas serias y circunspectas, como podría ser, por nombrar alguno, el de llevar un control relativamente efectivo de la locuacidad innecesaria ante el entorno familiar, amistoso, social, laboral o relativo a los negocios.

Técnicas para fortalecer la voluntad

1. **Crear buenos hábitos**: Admitir conscientemente que es cierto que hay muchas cosas que nos agradaría hacer frecuentemente, pero que debemos abstenernos de hacerlas si no son convenientes para nuestra salud física y mental.

2. **Establecer prioridades**: Tómese un momento y piense sobre sus prioridades. Luego haga una lista de ellas en orden de relevancia, es decir, coloque en los primeros lugares las que considere más importantes o que necesiten su atención inmediata. Esta lista lo ayudará a cumplir metas, le permitirá empezar y terminar a tiempo algún trabajo o tarea pendiente. Organizar sus prioridades va a ayudarlo a poner el foco en aquello sólido que necesita ser cumplido para poder crecer en conocimientos como individuo y como ser social.

3. **Desarrollar conocimientos**: Active su mente y estudie, instrúyase y culturícese. Por lo tanto, lea y piense en nuevas ideas, analice y practique algún conocimiento nuevo adquirido, descubra por medio de la lectura y el razonamiento modos de desempeñar mejor su trabajo, para ser un mejor amigo, maestro, empleado, profesional, etc. Sólo mediante la instrucción, ya sea formal o autodidáctica, va a lograr obtener una vida más segura en los aspectos emocionales y económicos.

Es bueno tener presente siempre que nada se cultiva por sí solo, pues el mismo verbo "cultivar" implica trabajo, esfuerzo, dedicación y constancia. Una voluntad cultivada es una voluntad fortalecida, es el escudo que nos protege de los vicios, de las dependencias, de la pérdida de la dignidad, de las malas costumbres y hasta de lo inmoral.

Al ser desarrolladas estas condiciones fundamentales en los términos aquí indicados, ellas estarían sentando las bases que permitirán al lector interesado el disfrute de las ventajas que ofrece el sentido común centrado en conductas personales fundamentales, a las que se refiere esta obra. El sentido común es un instrumento beneficioso y valioso por su naturaleza normativa, orientadora y de guía personal en el desenvolvimiento razonable de dicho lector en cualquier ámbito.

Vistos todos los beneficios personales derivados de la fuerza de voluntad, entraremos ahora a valorizar su capacidad contributiva de alcanzar metas de diferentes grados y naturaleza en un ámbito de gran competencia transaccional entre países, como ocurre en el actual mundo globalizado, donde juegan un papel de primer orden la mano de obra de bajo costo y la utilización intensiva de la ciencia y la tecnología, obligando a que se tomen casi siempre decisiones expeditas, lógicas, sensatas y acertadas.

Pues bien, en un ambiente de países que podrían calificarse de corporativistas, por predominar eminentemente en ellos el sistema empresarial, la fuerza de voluntad juega un papel muy importante, por cuanto permite que se mantenga la concentración mental de todas aquellas personas que tengan la obligación o responsabilidad de opinar, con conocimiento y acierto, sobre temas que se consideren de importancia en todas aquellas reuniones de trabajo a las cuales tengan la obligación de asistir. El resultado constituye un logro para los empleados que tienen esa obligación.

Por tal razón, poder centrar la atención debidamente en lo que se esté planteando en cualquier reunión donde se discuta o analice algún asunto de interés organizacional nos permite formarnos un criterio claro y preciso sobre la materia en consideración, y poder, si así lo deseamos, solicitar alguna aclaratoria pertinente o intervenir para ampliarla o enriquecerla, con aporte de nueva información no suministrada por el expositor, en la cual prevalezcan la preparación profesional, el buen juicio y la racionalidad.

13. Incidencias de las sobrevaloraciones y la persona

Las dificultades con que usualmente nos encontramos en cualquier ámbito en que nos desenvolvamos o frecuentemos son subjetivas (otros pueden calificarlas distinto) y tienen una importancia relativa cuando se ven desde una perspectiva equilibrada y ajustada a la objetividad o realismo. Es común entre las personas la existencia de una tendencia a sobreestimar o subestimar el valor que verdaderamente tienen las dificultades que se nos presentan. En ambos casos este tipo de apreciación es inconveniente. Muy especialmente en el caso que se refiere a la sobreestimación o sobrevaloración, ya que es la más corriente en las personas. Esto se afirma por cuanto en la sobreestimación usualmente se exagera o magnifica la importancia que tienen los problemas afrontados por nosotros y, consecuencialmente, nos sentimos subestimados. Se crea así un nivel de intranquilidad que perjudica la salud mental y orgánica de las personas.

Sobre la base de lo señalado anteriormente, conviene advertir que esta tendencia de algunas personas a sobreestimar los problemas podría atribuirse a una crianza que no fue bien conducida por sus padres, como se recomienda al comienzo del presente texto, así como a factores psíquicos que afectan la vida emocional e inciden de una manera que distorsiona la realidad objetiva de las cosas.

Entre los factores aludidos, conviene señalar, como destacable, la autoestima o autovaloración que hacemos de nosotros mismos, la cual constituye, según algunos estudiosos, la capacidad desarrollable de experimentar la existencia, nuestras facultades potenciales, nuestras necesidades reales, la de amarnos incondicionalmente y la de confiar en nosotros mismos para lograr los objetivos que nos propongamos; independientemente de las limitaciones que nos ocasionen circunstancias externas que se produzcan en los distintos contextos en los que nos corresponda actuar.

Dada la importancia del factor considerado más común en cuestión, podemos agregar que la autoestima es un sentimiento de valía personal, es decir, es una autovaloración que se hace uno mismo sobre sus potencialidades. Asimismo, es la suma de la confianza y el respeto que sentimos por nosotros mismos, que refleja el juicio interno que cada uno hace de sus habilidades para enfrentar los desafíos que se nos presentan en la vida.

A continuación se intentará analizar someramente el factor relacionado con la baja autoestima, factor que se considera el más responsable de la sobreestimación o sobrevaloración de las dificultades que usualmente se les presentan a las personas.

Tener una alta autoestima significa sentirse confiado y optimista, apto para la vida, es decir, capaz, valioso, valeroso y exitoso potencialmente. Tener una autoestima baja propicia el juzgar u obrar con desacierto como persona sobre un determinado asunto. Tener una autoestima personal media es fluctuar entre sentirse apto y poco capaz, acertado o equivocado, situación que es generalmente acompañada por un comportamiento de inseguridad.

Hay varios síntomas de la baja autoestima de una persona. Sin embargo, en el caso que nos ocupa solo seleccionaremos el pesimismo, por cuanto se considera que afecta más negativamente la apreciación y la valoración justa de las dificultades que las personas tienen que afrontar durante su vida. Las personas con esta carga negativa necesariamente requieren de ayuda profesional para poder llevar una vida razonablemente sana y grata.

Por lo tanto, ser pesimista es un síntoma de tener una baja autoestima. Cuando alguien tiene esta autoestima, casi siempre tiene una visión negativa de las cosas o situaciones que se le presentan en la vida y espera lo peor. Es evidente que no cree en su capacidad de cambiar las cosas para mejorarlas o crear un resultado positivo, por lo cual tiene la inclinación de magnificar los obstáculos que se le presentan. Se cree que de aquí proviene mayormente la predisposición que exhiben las personas de sobreestimar las dificultades que se les presentan.

Se considera conveniente mencionar algunas sugerencias generales que podrían servir de ilustración para solucionar problemas puntuales derivados del hecho de sobrevalorarlos:

Casos corrientes: a) Las personas no deben concederles mucha importancia a algunos problemas que puedan afrontar en ciertos ámbitos, sino proceder de inmediato realizando acciones propias, rápidas y efectivas que estén dirigidas a solucionarlos; b) hay que ser conscientes de que algunos problemas que usualmente consideramos mayúsculos no son realmente tan difíciles de resolver, solo se requiere de disposición para animarnos entusiastamente y con empeño enfrentarlos; de lo contrario, posiblemente se solucionen sin nuestra intervención, con el transcurrir del tiempo; c) en el caso de que a una persona se le presente un problema que estime de importancia y cuya solución dependa de un acto propio, debe proceder lo más rápido posible (si cuenta con los recursos y la voluntad necesarios), para evitar que la dificultad se transforme en una preocupación innecesaria.

Caso organizacional: a) Dos empleados que asistieron a una reunión de la organización donde prestan sus servicios se contrariaron mucho por los planteamientos que hicieron algunos compañeros suyos, por cuanto no les parecían los más acertados ni convenientes para el mejor funcionamiento de la empresa. Los empleados descontentos y contrariados expusieron sus puntos de vista: dijeron que estaban en desacuerdo con lo expuesto por quienes los habían precedido en la palabra y que ya tenían el asentimiento del Jefe del área. Y propusieron, por tal razón, que la aprobación final sobre la materia en cuestión se pospusiera para otra reunión que pudiera pautarse en poco tiempo, para lograr alcanzar el consenso. Pero la proposición finalmente fue rechazada, por lo cual ellos se sintieron frustrados y desanimados en su interior, pues consideraban que sería muy difícil hacer valer sus razones técnicas en el futuro, es decir, sobreestimaron la decisión tomada. Sin embargo, golpeados por lo acaecido, se replegaron por cierto tiempo; después reflexionaron sobre el asunto y se reanimaron. Al concientizarse sobre el verdadero valor técnico que tenían sus puntos de vista, se abocaron a preparar argumentos contundentes e irrebatibles, y lo lograron. Entonces se propusieron una reunión, pero en esta oportunidad solo con el directivo con competencia en el área técnica respectiva y con el jefe directo de la organización. Así lo hicieron, y lograron conseguirla. Les explicaron y discutieron con ellos sobre las bondades y las conveniencias de sus planteamientos para el mejor funcionamiento de la organización, y finalmente ellos se dieron por convencidos y concedieron su aprobación a la nueva propuesta presentada. Este caso ilustra que la sobreestimación que hicieron los empleados de la aprobación del acto arriba referido era infundada y que estaba alejada de la realidad, pues podía revertir sobre la base de argumentos bien sustentados, como ellos hicieron finalmente.

Todo lo discutido acerca de la sobreestimación en esta consideración persigue el fin de que las personas adquieran conciencia y se convenzan de lo significativo que resulta enfocar las dificultades dentro de un marco de relativa realidad objetiva y no de uno distorsionado.

En cuanto a la subestimación que hacen las personas de algunas dificultades que se les puedan presentar en un momento determinado —sin ánimo de entrar en detalles—, podemos suponer que la gente adopta usualmente, en cada caso, su forma de afrontarlas. La subestimación debe tener manifestaciones conductuales diferentes y de signo contrario a las de la sobreestimación antes analizada. Las personas que subestiman las dificultades les buscarán soluciones sin apremio y sin darles mayor importancia, aun cuando ellas puedan realmente tenerla. Asimismo, estas personas pueden reaccionar con cierta indiferencia, aun cuando les toquen resolver problemas que consideren que las afecten mucho, sin sentir arrepentimiento alguno por la altivez que puedan adoptar en ese momento.

14. Del miedo y la persona

El autor pretende profundizar su análisis atendiendo al sentimiento primario del temor, por la importancia que tiene en relación con algunas conductas de los seres humanos en todos los órdenes del quehacer diario. De ahí que el miedo sea considerado uno de los grandes males que aquejan y frustran a estos seres. A continuación trataremos de estudiar y de exponer algunas manifestaciones de este sentimiento.

El **miedo** es una emoción caracterizada por un intenso sentimiento, habitualmente desagradable, provocado por la percepción de un peligro, real o supuesto, presente, futuro o incluso pasado. Es una emoción básica y primaria que deriva de la aversión natural al riesgo o la amenaza y que se manifiesta en todos los seres humanos. La máxima expresión del miedo es el terror. Además, el miedo ejerce cierta influencia en la aparición de la ansiedad en las personas bajo ciertas condiciones.

La ansiedad empieza normalmente con un peligro potencial no muy bien definido, mientras que el miedo suele comenzar cuando hay una situación que está bien definida, como podría ser un auto que se nos viene encima. Para algunos estudiosos este miedo es aprendido durante la crianza y el crecimiento del ser humano; para otros —con quienes coincidimos en este trabajo— se trata de un sentimiento innato.

En consecuencia con lo afirmado en estos primeros párrafos, el autor de este libro ha resuelto extender la reflexión, el examen o la discusión del factor miedo, por la importancia que le concede. Por lo tanto, podemos afirmar que nuestros sentidos, principalmente la vista y la audición, perciben lo que nos rodea en un momento determinado; la sensación de alerta y de angustia se produce cuando lo que se percibe es la presencia de un peligro o mal, sea real o imaginario. Este sentimiento que se califica como miedo se manifiesta mediante respuestas físicas y psíquicas de intensidad y consecuencias variables, dependiendo de la subjetividad de las personas afectadas y de las circunstancias que se les presenten.

Haciendo una síntesis, podemos afirmar que el miedo es una emoción negativa primaria que causa reacciones psicofisiológicas subjetivas.

Sobre la base de lo expuesto en los párrafos que preceden, también podemos intentar definir el miedo como un sentimiento negativo proveniente de la inquietud y el desamparo, de un sufrimiento y de la aflicción íntima que se producen en una persona ante una amenaza que pueda afectar seriamente su integridad física o intelectual.

El asunto es que el miedo es una realidad que sentimos y que nos acompaña con cierta frecuencia y, particularmente, en casi todos los actos y las acciones que realicemos ante los demás, y en muchos casos se acentúa con el avance de nuestra edad biológica. En su justa medida, nos advierte sobre posibles e inminentes peligros que nos podrían afectar seriamente, incluso hasta causarnos la muerte. Pero, además, la potencialidad evolutiva innata del miedo puede hacerlo crecer hasta límites considerados inconvenientes e impedirnos llevar una vida de confianza en uno mismo, sana y grata. Asimismo, se hace presente en nosotros por medio de diferentes manifestaciones personales, perturbando usualmente nuestro desenvolvimiento natural, espontáneo y fluido en los diversos ámbitos donde nos desempeñemos.

Cabe advertir, además, que el miedo se **"siente",** pero no constantemente, sino solo cuando existe algún asunto o situación que conlleve en sí una posible amenaza o riesgo, real o imaginario, que pueda poner en peligro nuestra integridad física, mental o social.

Todos en algún momento de nuestras vidas hemos sentido miedo. Cuando el miedo se siente, en forma repentina, se desencadenan una serie de manifestaciones físicas y psicológicas que nos preparan para la acción de huir o de luchar. Pero, entre los preparativos para la acción o lucha, existe un paso intermedio, que es la "evaluación" que cada persona hace sobre la magnitud de la amenaza, sobre el peligro a que se enfrenta y sobre cuál sería la conducta apropiada para afrontar y superar tal amenaza. Esto es lo que procesa un sector muy importante de nuestro cerebro que se le denomina corteza cerebral prefrontal, la cual está ubicada a nivel del centro de nuestra frente, encima de nuestros ojos. Antes de que el miedo se dispare, es necesario percibir la amenaza con todos los sentidos (la vista, la audición, el tacto...) o con algunos de ellos, y esto ocurre precisamente cuando nuestro cerebro decodifica la información captada por los sentidos.

Además, conviene hacer comprender al lector que en los lóbulos frontales del cerebro —colocados en un área cerebral ubicada sobre nuestros ojos— se procesan nuestros pensamientos racionales conscientes; por lo tanto, es allí donde resolvemos nuestros problemas. ¿Por medio de qué?: de la amígdala cerebral, que es una masa con la forma de dos almendras, situada a ambos lados del tálamo y en el extremo inferior del hipocampo, y que constituye el centro emocional del cerebro. Esta amígdala es la que activa el miedo y, por lo tanto, el instinto de supervivencia de los seres humanos, por medio de la secreción de la hormona llamada adrenalina. Cuando tal secreción ocurre, los sentidos se agudizan, la memoria se alerta y se pone más despierta, y el cuerpo se hace menos sensible al dolor.

Desde el punto de vista psicológico, el miedo es un estado afectivo y emocional necesario para la correcta adaptación del organismo al medio ambiente, provoca angustia y ansiedad en la persona, ya que esta puede sentir miedo sin que parezca existir un motivo claro que lo justifique.

Nuestra mente percibe el miedo (**SENSACIÓN**: sentidos), y luego lo evaluamos o consideramos si es peligroso o no (**SENSATEZ**: razonamiento inteligente). En caso de que sea peligroso, lo sentimos (**SENTIMIENTO**: miedo). Luego se disparan los mecanismos de protección y los preparativos para luchar o huir. La importancia que se le concede al miedo se debe a que es una emoción negativa primaria que afecta a todas las personas en el mundo, en un sentido u otro, en todos los actos que se efectúen ante los demás, ante cualquier auditorio, así como en muchas circunstancias que nos puedan rodear.

A continuación se muestra un cuadro que señala el orden de activación que ocurre en el cerebro cuando se percibe una señal proveniente de los cinco sentidos que poseemos; se espera les sirva de ilustración a los lectores interesados en esta consideración:

Percibe con los sentidos

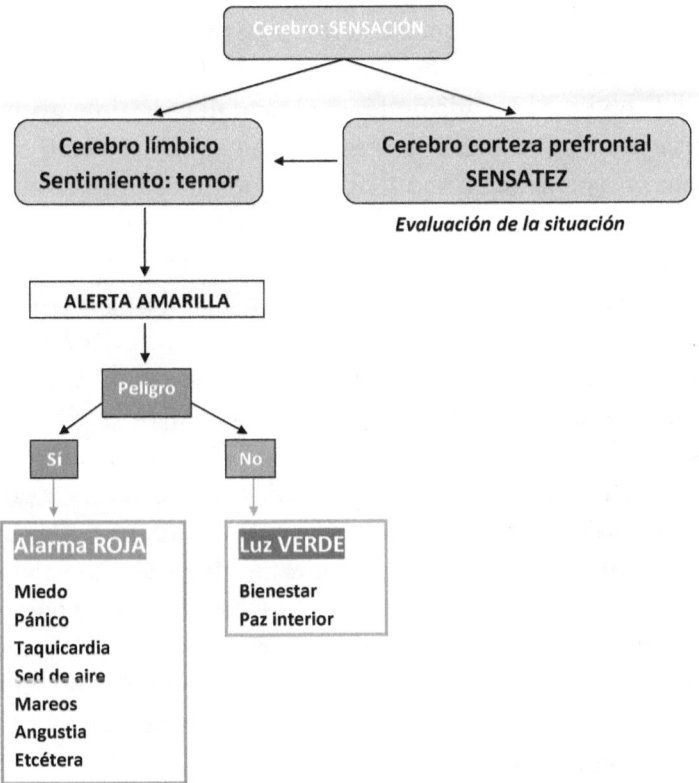

En cuanto a nuestro cerebro, podemos afirmar que dentro de él existe el cerebro límbico, también llamado cerebro medio, que es la porción del cerebro ubicada inmediatamente debajo de la corteza cerebral, está formado por un manto de tejido nervioso que cubre la superficie de los hemisferios cerebrales, derecho e izquierdo. Dentro de él están situados algunos centros importantes, como el tálamo, el hipotálamo, el hipocampo y la "amígdala cerebral", la cual se encarga de poner en marcha todos los mecanismos necesarios ante una situación peligrosa. (No debemos confundirla con las dos de la garganta).

Cuando las personas traten de ejercer un autocontrol mental adecuado del miedo que las acecha en ciertos momentos de su vida, deberían recurrir a la ayuda profesional. Consideramos conveniente advertir que existen algunas formas o maneras de aproximarse al control gradual del miedo. En caso de que no se pueda obtener la ayuda profesional total ni parcialmente necesaria por alguna razón, se sugiere realizar un esfuerzo consciente y sistemático como el que se sugiere a continuación. Por lo tanto, consideramos que el primer paso que se debería dar es el de reconocer y aceptar íntimamente la existencia de este sentimiento emocional negativo, luego asumirlo y finalmente potenciar nuestra capacidad de poder combatirlo. Todos tenemos la posibilidad de tener algún grado de miedo dentro de la amplia gama de temores que nos acompañan o se nos presentan durante el devenir de la vida. Miedo a la soledad, al fracaso, a la pobreza, a la inseguridad, a la muerte, entre otros.

Los señalamientos a que nos referimos anteriormente consisten en asociar y correlacionar el sentimiento de miedo que algunas veces sentimos en ciertos momentos, con lugares y momentos particularizables, a fin de hacer un seguimiento cuidadoso y observatorio del efecto negativo. El procedimiento sugerido nos puede permitir identificar y contrastar las circunstancias que rodean el miedo con puntos de vista personales objetivos, teniendo siempre presente las peculiaridades de tales lugares y momentos. Si ejemplificando se da un caso que nos ocasione un miedo que consideramos real, entonces procederemos a examinar las causas que lo pueden producir, siguiendo el procedimiento aconsejado. Por lo tanto, debemos seguir los pasos correspondientes, afrontarlo con una actitud recia y sostenida e intentar tranquilizarnos. Por el contrario, si nuestro temor es infundado, debemos tomar debida nota de las circunstancias observadas y tenerlas muy presentes en nuestra memoria, a fin de que nos sirvan de referencia contrastable. Este seguimiento debe continuarse y mantenerse con rigurosidad a lo largo de nuestra vida.

Comprobar que el miedo ha sido o no justificado es posible mediante este proceso de seguimiento sugerido. Adicionalmente, se puede aplicar, en cada caso en particular, la reflexión autocrítica rectificativa, para que por medio de ella nos convenzamos íntima y realmente de que las impresiones de miedo que hayamos sentido en algunas oportunidades pasadas, sean reales o no, tengan algún fundamento.

Es oportuno tener presente que nuestros miedos se manifiestan por pensamientos o emociones negativas.

Poniendo en práctica este procedimiento sugerido por el autor, con perseverancia inquebrantable, podremos darnos cuenta de que tenemos la capacidad de ir reduciendo y manejando con razonabilidad el nivel del miedo que nos afecta y aflige en muchos momentos de nuestra vida.

Este proceder nos va a producir beneficios tangibles en la medida en que adquiramos verdadera conciencia y convicción de la importancia que tienen observar y razonar detenidamente cada manifestación de miedo.

Muchas personas parecen no tener miedo, razón por la cual se las califica de valerosas. Sin embargo, la realidad es que esas personas también sufren como los demás, lo que pasa con ellas en particular es que poseen una configuración psíquica que las beneficia al permitirles sobreponerse o tener la capacidad de manejar o controlar en buena parte y con eficacia el referido miedo.

El procedimiento presentado en estas páginas podría reducir el miedo e inclusive disminuir su crecimiento evolutivo significativamente, al punto de poder llegar a controlarlo con naturalidad. Esto si nos lo proponemos como una meta por alcanzar a lo largo de la vida.

Conviene no olvidar la importante contribución que ofrecería la ayuda profesional recibida para aminorar el efecto de este sentimiento emocional negativo. Y aun mucho más efectiva sería esta ayuda si la acompañamos con lo sugerido por el autor.

Esta emoción negativa, que llamamos miedo, generalmente provoca distorsión de los enfoques mentales que las personas pueden hacer de los asuntos que tienen que resolver. Por tal razón, mucha gente sufre con frecuencia por asuntos irrelevantes o pequeñas contrariedades sobreestimadas. No obstante, si logramos valorar la sugerencia ya explicada, seguramente que se podrá estimular también la creación progresiva e involuntaria de un mecanismo mental de defensa que gradualmente irá contrarrestando el nivel negativo del miedo que suele estar presente en muchos actos de nuestra vida.

El miedo afecta la calidad de vida, bloquea nuestras facultades, nos lleva a postergar asuntos pendientes, nos impide tomar decisiones necesarias, emprender alguna empresa y soñar y pensar en el futuro. Además, el temor reduce el nivel de productividad, la creatividad y la originalidad, perjudica la capacidad de relacionarnos con otros e interfiere con la habilidad de razonar. Constituye un obstáculo al reducir nuestra capacidad de juzgar, obrar, actuar y expresarnos ante los demás sobre algún asunto con prudencia, lógica y buen juicio, y al impedirnos resolver con acierto algunas situaciones que se nos puedan presentar inesperadamente.

15. De la inteligencia

No puede dejarse de reconocer la contribución valiosa que presta la inteligencia como cualidad personal que se caracteriza por la mejor comprensión de todos los campos del saber y, por consiguiente, obviamente, del contenido de las consideraciones que integran este ensayo. Aquí nos atrevemos a definirla, de forma general, como la predisposición innata de los seres humanos, potencialmente desarrollable, que tiene la persona de atender, de la mejor manera, las exigencias que nos presenta el mundo. Se incluye en la definición el término "innata" porque compartimos la creencia de que la inteligencia es un atributo personal de corte genético.

Según algunos psicólogos, "ella ocurre a través de un conjunto de actividades psíquicas que operan con carácter potencial y dinámico que generan soluciones, las cuales son consideradas acertadas y permiten ejecutar trabajos nuevos más efectivamente que con base a la experiencia adquirida durante la vida".

No existe una única definición de la inteligencia: existen diferentes profesionales, particularmente de la psicología, que la han definido de diversos modos.

A propósito de lo afirmado en el párrafo anterior y para conocimiento de los lectores de esta obra, conviene señalar que según Howard Gardner, de la Universidad de Harvard, en los Estados Unidos de América, existen ocho inteligencias distintas que constituyen las formas en que los individuos adquieren, retienen y manipulan la información del medio en el que se desenvuelven y revelan sus pensamientos a los demás. Estas inteligencias se identificaron y clasificaron a partir del estudio realizado en algunas poblaciones de este Estado a numerosas personas sobre habilidades o destrezas:

1) Inteligencia lingüística: se utiliza en la lectura de libros, la escritura de textos, la comprensión de las palabras y el uso del lenguaje cotidiano. Esta inteligencia se observa en los poetas y escritores, pero también en oradores y locutores de los medios de comunicación.

2) Inteligencia lógico–matemática: se utiliza en la resolución de problemas matemáticos, en el contraste de un balance o cuenta bancaria y en multitud de tareas que requieran el uso de la lógica inferencial o proposicional. Es propia de los ingenieros y de los científicos.

3) Inteligencia musical: se utiliza al cantar o componer una canción, tocar un instrumento o apreciar la belleza y estructura de una composición musical. Naturalmente se observa en composiciones y en músicos.

4) Inteligencia espacial: se utiliza en la realización de desplazamientos en una ciudad o edificio, en comprender un mapa, orientarse, imaginarse la disposición de unos muebles en un espacio determinado y en la predicción de la trayectoria de un objeto móvil. Es la que corresponde a los pilotos de aviación, los exploradores, los diseñadores de interiores, los arquitectos y los escultores.

5) Inteligencia cinestésica–corporal: se utiliza en la ejecución de deportes y de bailes y en general en aquellas actividades en que el control corporal es esencial para obtener un buen rendimiento. Propio de bailarines, deportistas o gimnastas.

6) Inteligencia interpersonal: se refiere a la relación con otras personas para comprender sus motivos, deseos y emociones, sus estados de ánimo y psicológicos. Se refiere a la capacidad de conocer los estados de ánimo de los demás, no a la respuesta emocional que provoca esa comprensión y que clásicamente denominamos empatía. Se encuentra muy desarrollada en maestros, vendedores, consultores y terapeutas.

7) Inteligencia intrapersonal: se refiere a la capacidad de acceder a los sentimientos propios, las emociones de uno mismo y utilizarlos para guiar el comportamiento y la conducta del mismo sujeto. Se refiere a la capacidad de comprensión de los estados de ánimo de nosotros mismos, así como de nuestros deseos, motivos y emociones. También juega un papel determinante en los cambios personales asociados a adaptaciones a los eventos vitales.

8) Inteligencia existencial: es aquella que representa la inclinación humana a formularse preguntas fundamentales sobre la existencia, la vida, la muerte y la finitud, meditando sobre ella. Se debería encontrar en filósofos, teólogos y algunos psicólogos.

Finalmente, conviene advertir que a la inteligencia se le atribuye contribuir significativamente con el discernimiento y el entendimiento del contenido de las consideraciones que integran este ensayo didáctico. No obstante, dicha contribución intelectiva nunca podría abarcar el alcance conductual en el que se centra esta obra que se ofrece a los interesados en ella. Fundamentalmente, porque la inteligencia ni siquiera parece tener un origen claro (con pruebas concluyentes) ni tampoco conlleva implícito el valor de la MORAL. Más bien, se presume que debería provenir de una inclinación innata que requiere de estímulos cotidianos como los intelectuales, emocionales, sociales y ambientales para desarrollarse.

16. De la correspondencia personal y proporcional

En una relación interpersonal, es decir, entre dos o más personas, la correspondencia personal y proporcional juega un papel muy importante para que dicha relación se constituya, se mantenga y se preserve armoniosamente en el tiempo a nivel de parejas, amistades, compañeros de trabajo, negociadores, etcétera.

Es conveniente aceptar que esta correspondencia a la que hacemos referencia en el párrafo anterior es más fácil de explicar y más obvia e ilustrativa cuando las personas involucradas son dos. En este caso, ambas deben concientizarse acerca del contenido de esta consideración, en el sentido de que cualquier exceso de cortesía o halago que haga una de ellas a la otra puede traerle beneficios o no. Ahora bien, el trato educado y persuasivo que debe estar presente en estos casos generalmente se manifiesta con palabras o con gestos de una de las partes interesada en congraciarse con la otra; bien sea con fines de fortalecer la relación entre ambas; entre parejas matrimoniales o estables en el tiempo (llamadas de hecho legalmente); entre amistades, de afecto surgido entre ellas o de cierto sentimiento amoroso inspirado por una de ellas con respecto a la otra; de mantener el aprecio entre compañeros de trabajo; del deseo de llegar a un acuerdo de negociación con el otro; etcétera.

Este tratamiento deferencial concedido por una parte a la otra usualmente produce un efecto de agrado y de complacencia en esta última al inicio de la relación. Sin embargo, con el transcurrir del tiempo, si la primera de ellas continúa insistiendo en halagar a la otra sin estar segura de ser correspondida, tal insistencia podría resultar contraproducente y crear un sentimiento gradual de rechazo, molestia, desagrado o desencanto en la parte que está siendo halagada.

En el caso de dos negociadores, puede ocurrir que cuando se conozcan, uno trate de congraciarse con el otro mediante deferencias particulares, a fin de intentar lograr mejores beneficios cuando llegue el momento de negociar. No obstante, la otra parte puede o no inferir el fin del tratamiento deferencial recibido, y se puede llegar o no a una negociación razonable que los beneficie a ambos.

De ahora en adelante trataremos de ahondar en la correspondencia proporcional en cuestión con mayores detalles, en la medida que se avance en el desarrollo de esta consideración.

En cuanto a la posible reacción de desagrado o de rechazo que pueda producirse en una de las partes durante una relación, esta no necesariamente debería producirse desde el principio o momento en que las partes se conocen, no, esa reacción va ir surgiendo en la medida en que la persona que la promueve insista en continuar enviando el mismo mensaje persuasivo y agraciado a la otra parte, destinado a lograr lo que ella persiga.

Muchas personas tienen la creencia arraigada de que pueden conseguir de otra persona lo que quieran o se propongan, eso puede funcionar en algunos casos, pero no en todos. Esta creencia en ciertos casos logra el efecto deseado (lograr algo de alguien) cuando la otra persona deseada no tiene claro lo que quiere en la vida, tiene una personalidad pobremente definida, está confundida en sus aspiraciones o se subestima (entre otros factores). En cambio, cuando este no es el caso, es decir, cuando la otra persona está consciente de lo que quiere en la vida, tiene una personalidad recia y una autoestima relativamente alta, corrientemente se produce el rechazo del aspirante insistente, que y puede ser lastimado en su autoestima.

Para prevenir esta eventualidad, se recomienda a la parte interesada en cortejar poner en práctica la prudencia y la observación de la relación recientemente sostenida, con el objeto de que eso le permita detectar anticipadamente cualquier indicio o sospecha de signo negativo en la relación que se desea mantener, que provenga de la persona que está siendo cortejada.

También puede ocurrir que otros no le concedan importancia a la negativa obtenida de la persona deseada y opten por retirarse como si nada hubiese ocurrido. Esto generalmente acontece en personas que tienen una personalidad recia, bien configurada desde el punto de vista psíquico y con tendencia a subestimar algunas situaciones.

Ahora bien, si una de las partes no obtiene fácilmente lo aspirado de la otra, generalmente lo atribuye a mala suerte o a no tener carisma (no tener ángel, dicho en forma coloquial). Sin embargo, se piensa que este resultado negativo logrado no debería ser visto tan simplemente, sino que puede atribuirse a varios factores, entre los cuales se deberían contar con reacciones conductuales personales de los seres humanos de naturaleza psíquica que suelen convertirse en rechazo de uno de ellos por el otro u otra por no haber surgido entre ellos, posiblemente, la "empatía", entendida esta como la "identificación mental y afectiva de una persona con el estado de ánimo de la otra"; por el tono de voz y la manera de expresarse ante la otra parte e ignorando el necesario comedimiento que siempre debe primar entre relaciones personales; también podría atribuirse al efecto relativo a la presencia física y la vestimenta de la persona involucrada en la relación, así como a su nivel cultural. Esto sucede corrientemente en personas de cualquier edad, aun cuando se presume que la mayoría, los más afectados son aquellos de diferentes edades que andan particularmente en busca de una pareja. Igualmente les puede ocurrir a los negociantes que suelan moverse en el campo de los negocios.

Aun cuando el asunto planteado —relación interpersonal armoniosa— es realmente complejo, el autor, como resultado de su análisis del comportamiento humano cuando una persona trata de congraciarse con otra (de un mismo o distintos sexos), observó que a algunas personas les desagrada la persistencia o el empeño que ponen otros en desear obtener la armonía o el afecto de los demás (mediante halagos, cortejos, etc.), sin advertir que no son percibidos con agrado. En estos casos y con carácter general, lo aconsejable es que esas personas se retiren sigilosamente de la reunión en que se encuentran, para evitar respuestas inconvenientes y ser probablemente lastimadas en su autoestima.

Finalmente, para evitar el desencanto y la herida de la autoestima por una de las partes, el autor recomienda, como muy importante, que siempre se haga prevalecer la correspondencia personal proporcional **entre el dar y el recibir** halagos o deferencias entre personas de diferente o igual sexo que intenten mantener y preservar un vínculo afectuoso o de cualquier otra índole con otros u otras.

Este tratamiento es completamente válido e indispensable en cualquier relación humana que se desee mantener y preservar estable y armoniosa, sea entre amigos, novios, matrimonios, comerciantes u otros.

Reiteraremos, por su importancia, que en el caso de que usted se exceda en atenciones más de una vez con una de las partes con las que comparte una reunión social o no, de inmediato debe detener esas deferencias e ignorar a la persona. De lo contrario, posiblemente comenzaría a observar en ella, continuamente halagada por usted (bien sea con atenciones amistosas, con marcadas cortesías, etc.), que se comporta como si se mereciera todo lo que recibe, luego podría comenzar a sentir cierto rechazo hacia usted. Este sentimiento probablemente continuaría y finalmente daría al traste con la relación que usted quiso cultivar. Esta es, generalmente, una realidad indiscutible en los comportamientos conductuales de los seres humanos.

Pareciera que esta conclusión alcanzada por el autor está en conflicto con el pensamiento cristiano, que sostiene que "nosotros vinimos a este mundo a servir a los demás y no a ser servidos"[3]. Pero en realidad no hay conflicto alguno con lo que sostenemos en esta obra, debido a que más bien se trata de crear armonía y estabilidad en la relación entre nosotros mismos, en los términos aquí aconsejados; ya que se preserva la amistad entre los amigos o amigas, el amor en noviazgos o matrimonios, así como en asuntos relacionados con el mundo de los negocios, al crear un ambiente propicio y equilibrado para realizar una negociación que pueda corresponder entre las partes.

17. De la proactividad y la persona

Esta cualidad es un sentir y una inclinación particular de algunas personas que son movidas por el deseo de hacer el bien a los demás y por el desarrollo de la fuerza de voluntad mediante la concientización y el convencimiento de su conveniencia. Esta singularidad en el proceder lleva a las personas a ser diligentes y tener iniciativas propias, viables y eficaces, para lo que se genera una gran disposición espontánea a resolver problemas propios y ajenos, particularmente de aquellos que se les puedan presentar a otros.

Estas acciones que caracterizan la actuación de una persona proactiva, que influyen y dinamizan su entorno, se arriesgan, buscan soluciones viables, crean caminos, si es necesario, y actúan en la incertidumbre, nunca se paralizan frente a ella. Para estas personas no basta con proponer ideas, es necesario convertirlas en acciones reales, romper la barrera estática del imaginar y orientarse hacia la acción concreta. Se trata de actuar e imaginar de manera continua y simultánea.

---

3   bibliaparalela.com/matthew/20-28.htm

En fin, para él o para ella no hay meta en la vida que no pueda ser alcanzada dentro de lo racional; son personas muy útiles que no están esperando que las llamen, sino que siempre están dispuestas a sobreponerse a toda dificultad que se les presente, buscando la solución viable que corresponda en cada caso, por consiguiente, son muy bien vistas y deseadas en cualquier ámbito.

Las personas proactivas se necesitan en los equipos naturales de trabajo, pero también son indispensables en otros tipos de grupos, como juntas directivas, equipos de proyectos, etc. Son las que dan entusiasmo a la reunión, no se rinden ante ningún obstáculo y siempre están dispuestas a ir más allá de la tarea que se les asigna.

Por lo general, este tipo de personas no son extrovertidas ni tienen dotes de liderazgo, más bien son personas calladas que con esfuerzo y dedicación desarrollan sus labores, proponiéndose a sí mismas casi siempre nuevas metas, porque su deseo de superación en el saber las incita permanentemente a crecer. Se puede confiar en ellas.

Por eso, una persona proactiva es aquella que se distingue por ser ingeniosa, creativa, diligente, que tiene iniciativa propia para dar respuestas eficientes y eficaces a problemas que se presenten, aprovechando los recursos disponibles de una manera óptima y sin esperar que le digan qué es lo que tiene que hacer.

18. De la autoestima, su desarrolo y la persona

La autoestima es la valoración que tenemos de nosotros, la opinión y sentimiento que cada uno tiene acerca de sí mismo, de los propios actos, de los propios valores y de las propias conductas. Cuando la autoestima es alta, nos sentimos llenos de energía y de entusiasmo, capaces de todo, seguros de nuestro valor y de nuestra importancia. Cuando la autoestima es baja, estamos cansados, nada nos entusiasma, nos sentimos inseguros de lo que somos capaces de hacer, sentimos que valemos poco.

Es normal que a veces nos sintamos bien y a veces mal con respecto a nosotros mismos. Pero existen personas que siempre parecen tener una sola clase de autoestima, sea alta o baja. Una persona con autoestima baja piensa que es insignificante. Se pasa la vida esperando que le ocurran las peores cosas, hasta que le ocurren. Vive con el temor de ser pisoteada, menospreciada, abandonada, engañada. Vive sus días aislada del mundo. La soledad parece perseguirla. Tiene enormes dificultades para comunicarse. Una persona con autoestima alta piensa que su vida hace una diferencia importante en el mundo y en las personas que la rodean. Tiene confianza en sus capacidades. Se caracteriza por su honestidad, su amor hacia sí misma y hacia los demás. Se expresa con libertad y demuestra integridad entre sus valores y sus acciones, entre lo que siente y lo que dice, entre su comunicación verbal y no verbal. Es consciente de que su mejor recurso es su propia persona. Sabe que puede contar con ella misma para todo lo que sea necesario. Tiene confianza en su presente y esperanza en su futuro. Se acepta tal y como es, y al mismo tiempo, desea mejorar. Disfruta cuando logra mejorar, pero entiende que no siempre es posible.

Puesto que la autoestima se aprende, podemos también cambiarla y volverla más positiva. Virginia Satir (1981), especialista en relaciones humanas, ha dicho: "siempre hay esperanza de que la vida cambie porque siempre se pueden aprender cosas nuevas".

Los tres principales pasos para mejorar la autoestima son: 1) reconocer que nuestra autoestima es baja; 2) convencerse de que la autoestima se puede cambiar; y 3) decidir cambiarla. Otras ideas que ayudarán a mejorar nuestra autoestima, son:

a) Aceptar que solamente nosotros mismos podemos hacer el cambio. En realidad, nadie más tiene esa responsabilidad ni esa capacidad.

b) Hacer un balance de las virtudes y de los defectos. Todos tenemos cualidades y defectos, y todos podemos sacarles partido a nuestras cualidades y cambiar algunas de las características propias que nos disgustan. Podemos hacer una lista de lo que nos gusta y otra de lo que nos disgusta de nosotros, como la apariencia física, la personalidad, etcétera.

c) Debemos estar conscientes de que no todo lo que nos disgusta se podrá modificar. "Dios, concédeme la serenidad de aceptar las cosas que no puedo cambiar, el valor para cambiar las cosas que sí puedo y la sabiduría para reconocer la diferencia", escribió San Francisco de Asís.

d) Premiarse generosamente al alcanzar una meta, por pequeña que esta sea. Cualquier cambio que planeemos hacer, hagámoslo para complacernos a nosotros mismos. En la medida en que nos conocemos y aceptamos, estaremos más contentos, satisfechos y tranquilos. Si estamos contentos con nosotros mismos, interactuaremos más constructivamente con otros y lograremos más y mejores metas. Será más probable que otros nos vean, respeten y admiren, de una manera más positiva si nos aceptamos como somos. Si consideramos que tenemos autoestima desarrollada, será más fácil que otros también nos quieran.

La autoestima positiva es un motivador poderoso de nuestra conducta, que trabaja para mantener la propia estabilidad y nos brinda una serie de expectativas (metas) de logro y de éxito. En todo el mundo no existe nadie exactamente igual a mí. Hay personas que tienen aspectos parecidos a los míos, pero en ninguna forma coinciden totalmente conmigo. Por consiguiente, todo lo que sale de mí es auténticamente mío porque yo sólo lo elegí. Todo lo mío me pertenece: mi cuerpo, todo lo que hago, mi mente, con todos sus pensamientos y sus ideas; mis sentimientos, cualesquiera que sean: ira, alegría, frustración, amor, decepción, emoción.

DESARROLLO DE LA AUTOESTIMA

Los conceptos del yo y de la autoestima se desarrollan gradualmente durante toda la vida, empiezan en la infancia y pasan por diversas etapas de progresiva complejidad. Cada etapa aporta impresiones, sentimientos, e incluso complicados razonamientos sobre el yo. El resultado es un sentimiento generalizado de valía o de incapacidad.

Para desarrollar la autoestima en todos los niveles de las actividades —se trate de un estudiante, escritor, profesional, obrero, o ejecutivo, entre otros—, se necesita tener ante la vida una actitud de confianza frente a sí mismo y actuar con seguridad frente a terceros, ser abiertos y flexibles, valorar a los demás y aceptarlos como son; ser autónomo en sus decisiones, tener comunicación clara y directa; tener una inclinación empática, es decir, capaz de conectarse con las necesidades de sus congéneres, asumir talantes de compromiso, ser optimista en sus actividades.

Otra estrategia para desarrollar la autoestima es ser capaz de reconocer y enmendar los propios errores, no limitarse a autoculparse, ni culpar a los otros. Tener propensión creativa y ser capaces de asumir los riesgos que implica una nueva tarea, evitar la crítica. También tenemos que evitar la repetición frecuente y continua del mensaje, encontrar los datos positivos de otras personas, conectarse con emociones positivas del pasado, ampliar el conocimiento de uno mismo con mayor sinceridad, tener una buena escala de valores y respetarla, desarrollar el sentido del humor e infundirlo.

Un aspecto central para el desarrollo de la autoestima es el conocimiento que tengamos de nosotros mismos. Cuanto más nos conocemos, más posible es querer y aceptar nuestros valores. Las formas de darle un sentido a la vida son básicas, pero tiene un costo que se mide en esfuerzo, fatiga, desgaste y frustración, aunque también en adquirir pleno desarrollo intelectual, logros y satisfacción personal.

Cuando se tiene contacto con personas equilibradas psíquicamente, constructivas, honestas y constantes, es más probable que se desarrolle una personalidad sana, con inclinaciones positivas que permitan desarrollarse con mayores posibilidades de éxito, aumentando la autoestima.

19. De la tolerancia y de la persona

A todas las personas les agrada llevarse bien o estar en buenos términos entre ellas, este comportamiento debe considerarse como una tendencia gregaria de los seres humanos, que los induce a sentirse acompañados. Por tal razón la gente de cualquier lugar geográfico del mundo siente necesidad de establecer y mantener relaciones armoniosas y afectivas, a fin de llevar una vida más grata y en compañía de otros.

Esta manera de vivir y disfrutar con los demás constituye un instinto, es decir, refleja un impulso espontáneo.

Esta manera de vivir de la gente lleva también al respeto de las ideas, las creencias o las prácticas de los demás cuando son diferentes o contrarias a las propias. Es la actitud que una persona asume ante la vida cuando acepta todas aquellas maneras de ser y de comportarse de los otros, que difieren de las suyas en cuanto a sus principios y sus valores (honestidad, dignidad, ética, moral, etc.). Es también la capacidad de escuchar y de aceptar (sin compartir) el valor de las distintas formas de los demás de entender y de enfocar la vida.

Por tal razón, las relaciones humanas **se pueden definir como** el **conjunto de interacciones** que mantienen los individuos dentro de una sociedad y que se basan en los **vínculos** que existen entre ellos, los cuales se manifiestan por la comunicación que practican entre sí, la cual puede ser de índole visual, lingüística, etc. Estas relaciones deben estar dirigidas a crear y a preservar relaciones cordiales entre los individuos, vínculos amistosos basados en ciertas reglas aceptadas por todos y, fundamentalmente, en el reconocimiento y en el respeto de la persona humana.

Esta forma de conducir las relaciones humanas requiere de nosotros aceptar a los demás, con sus virtudes y sus defectos, es decir, con sus propias formas de pensar, razonar, comportarse, afrontar o enfocar los problemas o dificultades que se les puedan presentar en cualquier momento de sus vidas.

En general, constituye una forma condicionada por el deseo de llevar una vida armoniosa y comprensible ante el comportamiento humano de los otros, al crearse una fortaleza o serenidad de ánimo que nos permite soportar las vicisitudes que normalmente se experimentan en la vida.

Esto requiere de nosotros el estar conscientes de que cada persona tiene sus particularidades en la manera de ver y de llevar su vida. Por supuesto que estas particularidades personales van a ser un reflejo de las inclinaciones naturales con que nazcan y de la manera en que hayan sido conducidas y orientadas por sus padres, de la crianza general que hayan recibido y de si esta fue apropiada o inapropiada, del ambiente natural en que hayan crecido, del grado de educación que puedan haber recibido en el hogar de sus padres —lo cual va a depender de cuán ilustrados o cultos sean—, de la enseñanza recibida en la escuela y, finalmente, de cómo ellos vean las cosas.

Por lo tanto, entenderse, convivir de una manera usualmente armoniosa y cordial con las personas, podría considerarse una cualidad gratificante. De ahí la significación que tiene el conocer cómo tratar a cada persona de acuerdo a su cultura y sus características humanas.

Debido a todo lo tratado hasta aquí, se puede observar la importancia que adquiere la tolerancia, pues ella se basa en la posibilidad que nos concede el convivir en un mismo espacio con personas de diferentes culturas o con diferentes creencias. La tolerancia es la que nos permite vivir en armonía en un mismo país con personas que profesan diferentes credos, que apoyan otras tendencias políticas, que poseen una condición sexual diferente, etc. La tolerancia no sólo es aplicable a nivel personal, sino también de país, ya que ella es una cualidad que debemos desarrollar en nuestros hogares y practicar, en primer lugar, con aquellas personas a las que más queremos, como nuestra familia, amigos y allegados, así como también a nivel mundial, donde se intenta convivir en armonía con personas integrantes de un sinnúmero de países con culturas o costumbres muy diversas.

Como vemos, la tolerancia está en estrecha relación con el respeto y la consideración entre personas, ellas deben ser capaces de aceptar las diferentes opiniones de los demás en torno a un mismo tema, respetando las diferencias étnicas, sociales, culturales y religiosas, entre otras, y teniendo siempre presente que aquello que estemos respetando no debe atentar contra la integridad de los demás, ni contra los derechos de las otras personas ni contra la preservación del ambiente.

Estas reglas a las que venimos aludiendo, de saber manejarse o conducirse con los otros y de preservar las relaciones humanas con ellos, en forma grata, están discutidas y recogidas en este ensayo en forma pedagógica.

20. De la observación, la información y la persona

En la actualidad vivimos en un mundo globalizado en todas sus manifestaciones, donde juegan un papel predominante los avances científicos y tecnológicos en el campo del saber. Estos se traducen en diferentes innovaciones tecnológicas que continuamente proveen y contribuyen (entre otros) al abaratamiento de la mano de obra de los bienes producidos en la mayor parte de los países que integran el planeta. Eso los hace más competitivos y atractivos en el mercado internacional de bienes transables e influye significativamente en el continuo crecimiento del espectro financiero mundial.

Los medios de comunicación y difusión son variados y constantemente incorporan innovaciones tecnológicas que los hacen más eficaces ante el público interesado en los avances científicos.

Toda actividad que el hombre realiza y es objeto de observación detenida constituye una provisión importante de información hacia el mundo, que al ser procesada se transforma en conocimiento, y este a su vez contribuye a enriquecer la preparación del hombre en el saber.

Lo anterior obliga a las personas que están interesadas en estar enteradas de lo que acontece en el planeta, particularmente a los comunicadores sociales, a estar pendientes de lo que trasmiten medios como la radio, la televisión, Internet, etc., durante buena parte del día y de la noche. La información difundida por estos medios de comunicación constituye lo que podría llamarse el sistema nervioso comunicacional planetario, el cual es de suma importancia para casi todos los hombres, organizaciones y países del mundo.

La información internacional que se genera a cada momento puede ser muy importante, de ahí que pueda favorecer o afectar intereses económicos y de toda índole en personas, organizaciones y algunos estados. Esta información que ha existido y existe en diferentes países del globo terráqueo obliga a que su difusión se haga a lo largo y ancho de éste. Tal cometido solo puede lograrse con la existencia eficaz de plena libertad en cada uno de los países que integran el mundo, a fin de darla a conocer en forma veraz, oportuna y suficiente a todos aquellos que puedan estar interesados en ella.

De aquí se desprende lo valioso y significativo que constituye el ejercicio pleno de la democracia genuina en cada país del mundo, como sistema político menos malo de los existentes en la actualidad, pues generalmente asegura el ejercicio de la libertad, aun cuando en muchos casos existe una tendencia a restringirla. Aun así, ella finalmente se impone y facilita que la gente pueda tener acceso a los medios de comunicación actuales y emergentes y, por lo tanto, a poder escuchar y observar los programas y noticieros informativos nacionales e internacionales, manteniéndose enterada de casi todo lo que sucedió, sucede y posiblemente pueda suceder en el futuro en cualquier parte del planeta.

21. Del conocimiento y la persona

El interés del ser humano por el conocimiento ha existido desde que este pudo tener uso de razón y ahora, con frecuencia, genera con él avances tecnológicos, culturales, políticos, económicos y sociales de toda índole. Debido a poder razonar, se ha creado el interés por entender cómo el ser humano llega a conocer lo que lo rodea, aun cuando esto sea un producto de la naturaleza o de su propia creación. El hombre siempre ha estado interesado por cuestiones como la naturaleza del conocimiento, la adquisición de éste, su necesidad y su permanente desarrollo en la historia de la humanidad.

Puede afirmarse, sin riesgo a equivocarnos, que el conocimiento humano es tan extremadamente valioso, que él y su aplicación por medio del saber son los únicos recursos que podrían contribuir fundamentalmente a sacar a la humanidad, en buena parte, de su grave ignorancia, el peor mal que la aqueja.

Ahora que nos proponemos hacer un desarrollo breve y legible sobre el alcance y la gran significación que tiene el conocimiento para la vida de la humanidad sobre el planeta, conviene sostener que te únicamente se almacena o reside en la mente del hombre conocedor y estudioso que interioriza pensamientos y razones a nivel consciente o inconsciente, por lo cual no es posible observarlo, solo se conoce que existe por sus efectos, logrados principalmente mediante las investigaciones científicas y tecnológicas.

El ser humano es el único ser en la Tierra capaz de pensar, reflexionar, rectificar, aprender y adquirir conocimientos que le permitan mejorar su calidad de vida y lograr éxito en el ejercicio de cualquier actividad que se proponga realizar. Además, es el único ser en el orbe capaz de poder transformar el ambiente en que crece y vive, así como a la sociedad en que se desenvuelve.

Conviene advertir que existen múltiples definiciones del conocimiento, desde las clásicas y fundamentales, como aquella que es una creencia cierta y justificada, hasta otras más recientes y pragmáticas, como una mezcla de experiencia, valores, información y "saber hacer" que sirve como marco para la incorporación de nuevas experiencias e información, la cual es útil para la acción (Davenport y Prusak, 1998).

Habiendo razonado y reflexionado sobre la materia en cuestión, nos atrevemos a acoger la siguiente definición general del conocimiento humano: "toda construcción humana, material, inmaterial y conceptual tendente a organizar y encausar nuestras experiencias y vivencias experimentadas a lo largo de la vida".

El conocimiento tiene su origen en la **percepción o captación mental que efectúa el ser humano de imágenes y de cosas dentro de un contexto determinado**; después de ello se alcanza el **entendimiento** y, finalmente, se concluye con la **razón (argumento que se aduce en apoyo de algo). Eso explica** que el conocimiento es una relación entre un **sujeto** y un **objeto**. La interacción de estos constituye un proceso que da origen al conocimiento. En dicho proceso (acción de avanzar) se involucran cuatro elementos: el **sujeto que conoce,** el **objeto conocido,** la **operación de interactuar** y, finalmente el procesamiento mentalmente **de ellos.**

También se puede sostener, de manera general, que "el conocimiento humano es un conjunto integrado por información, reglas, interpretaciones y conexiones puestas todas dentro de un contexto y de una experiencia que ha ocurrido dentro de una organización determinada".

Las facultades intelectuales del hombre, consideradas como singulares, permiten al conocimiento, mediante su aplicación, averiguar las cualidades y las relaciones entre las cosas. También el estudio y la investigación lógica, coherente e inteligente de las cosas producen conocimiento. Asimismo, el procesamiento de información, de distinta naturaleza, proveniente o no de diferentes fuentes, puede generar conocimiento.

El aludido hombre continúa enriqueciendo el conocimiento de manera consciente y sistemática día a día, debido al mejor y más fructífero desarrollo de su capacidad comprensiva de las cosas que observa cuidadosamente, así como de su actualización creciente e interesada de los avances logrados por la ciencia y por la tecnología.

Cabe advertir a los lectores de este ensayo que el análisis del conocimiento humano contenido en esta consideración también se orienta al llamado conocimiento conceptual, el cual se fundamenta en la razón y está formado por un conjunto de representaciones definidas como "invisibles, inmateriales, universales y esenciales". Esta clase de conocimiento se caracteriza por hacer referencia a la universalidad del vocablo "concepto" —"Idea que concibe o forma el entendimiento"— y de los objetos, aquellos que todos comprendemos de la misma manera, sin añadirle características propias. No es lo mismo, por ejemplo, que nosotros hablemos de "nuestro padre", que tiene unas características propias y personales, que nos refiramos al concepto de padre, que abarca todos los padres y que, por consiguiente, tiene un carácter universal.

Ahora que hemos señalado anteriormente que el conocimiento también proviene de la experiencia fructífera obtenida del ejercicio diligente de una o varias actividades en el tiempo, del conocimiento conceptual —fundamentado en la conceptualización y en la razón— y de aquel obtenido del procesamiento de información, etcétera, se considera conveniente que nos adentremos en el conocimiento científico, a título únicamente informativo para el lector interesado en este texto, por cuanto usualmente prevalece en el ambiente de investigación mundial. Tal conocimiento surge una vez que el investigador ha vislumbrado (percibido) una hipótesis —proposición aceptable y conveniente, no confirmada— captada intuitivamente (gracias a un momento de inspiración), que por el análisis sobre algún objeto, tiene que ser traducida en términos estructurados o conceptuales hasta que corrobore o no su verdad o certeza. Si es confirmada, entonces pasa a convertirse en un aporte científico.

En virtud de la gran trascendencia que tiene el CONOCIMIENTO, insumo del saber, que por su capital relevancia traspasa los límites de la ciencia experimental, el autor lo considera, sin riesgo a equivocarse, como lo más grande que existe en todo el mundo de los seres humanos. Tanta es su importancia, que nos atrevemos a afirmar categóricamente que de cada innovación científica o tecnológica que se logre descubrir en cualquier ámbito del planeta, el conocimiento contribuye en la innovación con un alrededor del "setenta por ciento", mientras que el restante "treinta por ciento" se podría atribuir a hechos o cualidades del o de los investigador(es).

Conviene advertir al lector que los comunicadores sociales que normalmente estén interesados en el acontecer de la investigación científica deben contar con suficientes datos y vocabulario usados en este ambiente como para poder comprender la significación que tienen las noticias o los sucesos diarios que ocurren sobre la investigación en las ciencias en cualquier parte del mundo. Ello es realmente indispensable, ya que vivimos en una era de constantes descubrimientos científicos que continuamente moldean el mundo por medio de nuevas tecnologías de avanzada. Por lo tanto, las personas interesadas en tales descubrimientos, con deseos de difundirlos y de participar en la sociedad del conocimiento, deberán formarse sus propias opiniones sobre estos descubrimientos y acerca de otros temas científicos críticos.

Tener el conocimiento aludido se justifica plenamente, porque los temas científicos y tecnológicos dominan cada vez más el acontecer mundial en todos los sentidos, debido a sus implicaciones innovadoras y consecuencialmente económicas.

Por otra parte, y aprovechando esta ocasión, es conveniente referirnos a que el indicado conocimiento debe ser considerado, por su gran relevancia, en las cumbres presidenciales ambientales que se celebran en algún país de los que integran el planeta, con el objeto de obligar a tales países a que lo utilicen para reducir gradualmente el efecto negativo que ellos causan por medio de las lluvias ácidas (formadas principalmente por el CO_2) que generan sus chimeneas y que tanto perjudican el cambio climático en el planeta, particularmente de muchos países en vía de desarrollo; de este modo se evita sobrepasar el promedio de temperatura mundial de "dos grados centígrados (2°C)", del cual estamos muy cerca actualmente.

Esta afectación climática que se viene produciendo desde hace muchos años atrás, en la medida que se haga más negativa (o sea que induzca más al aumento de la temperatura del planeta), va a ir incrementando su efecto dañino sobre muchas regiones del mundo; trastocando las estaciones atmosféricas de todo el orbe y perjudicando a casi todos los países.

Es propicio resaltar, a continuación, que estas cumbres mundiales, integradas por todos los presidentes y jefes de gobierno de los países del mundo, tienen gran importancia, ya que en ellas se persigue alcanzar una solución gradual, pero eficaz, para reducir el calentamiento global del planeta. Esta solución pasa necesariamente por reducir las lluvias ácidas provenientes de todos los países, fundamentalmente de aquellos más industrializados y de otros en vía de hacerlo, tales como Brasil y la India.

Esto constituye un hecho fundamental y significativo para las personas responsables e informadas de la magnitud de este mal que afecta buena parte de la humanidad. El problema que ha existido y que existe en la actualidad derivado de las indicadas cumbres presidenciales es que los países más responsables de la afectación en cuestión se comprometen a cumplir, como es debido, con las obligaciones que contraen en dichas cumbres, pero luego no le hacen honor a los compromisos asumidos sino que, por el contrario, le dan prioridad a la producción industrial competitiva de sus países antes que a una reducción gradual de las malsanas lluvias ácidas que afectan tanto el planeta.

Esta actitud de incumplimiento con lo prometido internacionalmente se puede atribuir a que el cumplimiento de una obligación, como la contraída en la última cumbre presidencial, implique introducir progresivamente en el aparato industrial de cada uno de esos países nuevos procesos industriales más refinados y optimizados que emitan menos CO_2 a la atmósfera. Estas inversiones nuevas seguramente no las harán todos los países anteriormente aludidos, pues hay una competencia muy fuerte entre ellos en cuanto a producción de bienes transables, sobre la base de costos de producción más bajos, utilización de mano de obra más barata y uso intensivo de tecnología y de energía.

22. De la humildad

Esta es una virtud que nos conduce a conocer nuestras limitaciones intelectuales, emocionales y físicas y obrar conforme a ellas. No la debemos relacionar con ignorar el saber y encerrarnos en nosotros mismos, no, por el contrario, la debemos concebir como aprender el conocimiento humano y desarrollar todas las facultades y aptitudes naturales, a fin de poder servir mejor a los demás con gran desprendimiento, generosidad, fraternidad y solidaridad, es decir, con gran sensibilidad y conciencia humana, sin que permitamos el asomo del orgullo o la altivez.

Sin embargo, en el mundo de hoy cada uno parece estar participando en una competencia para ser el más rico, el más inteligente y el más exitoso. El orgullo hace que muchas personas busquen esas metas, se crean superiores a los demás e incurran en una serie de equivocaciones, al creer que lo pueden alcanzar todo, que se imponen sus decisiones y que desprecian a las otras personas.

Donde hay un soberbio, todo acaba maltratado: la familia, los amigos, los compañeros de trabajo y todo aquél que tenga alguna relación con él. Exigirá un trato especial, porque se cree distinto y merecedor de él; habrá que evitar herir su susceptibilidad. Su actitud ante la vida será inflexible en sus opiniones mantenidas dentro de las conversaciones, sus intervenciones serán irónicas —no le importa dejar mal parado a los demás por quedar él bien—, **se hará frecuente** la tendencia a poner punto final a conversaciones que surgieron con naturalidad. Todas estas, entre otras, son manifestaciones de una gran prepotencia que se apodera de la persona.

Como fruto de la humildad se pueden resolver muchos problemas que usualmente confrontamos, como el resentimiento que nos afecta en nuestras relaciones interpersonales.

El resentimiento es un obstáculo para ser feliz, porque amarga la vida. Suele ser un trastorno muy común. Estudiarlo significa clarificar su naturaleza, analizar sus manifestaciones y encontrar soluciones que lo eviten y lo eliminen. Tales soluciones se han de apoyar en la orientación que le demos a la propia inteligencia, a la fuerza de voluntad, al adecuado manejo de los sentimientos, a las virtudes y a la gracia de Dios.

El acto más importante para resolver el problema del resentimiento es el perdón, y el camino más valioso y eficaz para comprenderlo es por medio de Jesucristo y de sus enseñanzas. La mayor parte de las personas creen que perdonar es una tarea solo de personas bondadosas en extremo, algo que hacemos desde nuestra tolerancia, cuando en realidad se produce y proviene de la conciencia y de la voluntad.

Perdonar es un verbo, como dice el diccionario, es decir, una acción, algo que está en movimiento. Perdonar puede considerarse como una actitud elevada ante la vida, acompañada de una alta autoestima, así como ser realmente consciente de que el primer beneficiario de adoptar tal actitud ante la vida cotidiana es la persona que ignora y olvida el rencor o resentimiento que guarda de cualquier otra persona.

La perspectiva de la felicidad que se nos abre cuando se está dispuesto verdaderamente a perdonar a todos aquellos que nos pretendan ofender por ignorancia o por inconsciencia es de mucha valía en nuestra vida desde todo punto de vista, tanto psíquico como orgánico, pues tal sentido del vivir nos permite alargarla, al alejar muchas enfermedades, de toda naturaleza, que nos puedan acechar.

Por todas esas insensateces señaladas surge la importancia de tener muy en cuenta la humildad como un privilegio no fácilmente alcanzable, aun cuando poder lograr su desarrollo parcial es ciertamente muy valioso. La paz, don de la humildad, nos induce a reflexionar profunda y serenamente sobre cómo nos desenvolveremos en el transcurrir de la vida ante tantas dificultades de toda naturaleza.

En realidad, el logro de una solución razonable para cada una de estas dificultades va a depender de la naturaleza de cada una de ellas. Sin embargo, tal vez podríamos alcanzar la solución mediante el ejercicio sincero de la modestia y de la sencillez, la aplicación de un proceso continuo de autoobservación crítica, verdadera y rectificativa de nuestros actos, palabras y acciones, o la fe en Dios.

Conviene señalar que lo que caracteriza a una persona humilde es que se muestra como alguien que no se cree mejor o más importante que los demás desde ningún punto de vista. Esta virtud es un reflejo de la inexistencia de la soberbia, la altivez o la prepotencia.

Si logramos alcanzar este estado de tranquilidad que nos produzca paz espiritual, aun cuando sea parcialmente, ella se traduciría en paz mental y emocional, y por lo tanto, estaríamos en la posibilidad cierta de juzgar, obrar, actuar y expresarnos ante los demás sobre algún asunto, con prudencia lógica y buen juicio, así como con acierto, al decidir sobre situaciones que se nos puedan presentar inesperadamente.

23. Del hombre y la mujer

Todo hombre o mujer debe aspirar a unirse a la otra o al otro por medio de una unión matrimonial o una pareja estable o de hecho, a fin de formar una familia siempre que se haga por verdadero amor, pues esta unión es un requisito necesario para poder vivir en sociedad y cumplir con las normas morales que esta impone. Ello les permite cumplir con la función natural de procrear y, a su vez, de tener a una persona a su lado para compartir con ella las cosas buenas o malas que se presenten durante la vida.

Este convivir y compartir debe contribuir a la realización de las ansiadas aspiraciones de amarse y de tener hijos, que debe tener toda pareja. Entre ellos debe haber necesariamente un nivel de instrucción, cultura y escala de valores similares, a fin de que se propicie más fácilmente su entendimiento, su estabilidad en el tiempo y la conciencia y la convicción de que toda diferencia que pueda surgir entre ellos puede resolverse mediante negociaciones cordiales y constructivas, beneficiosas para el buen y conveniente vivir de la pareja.

Uno de los elementos importantes que debe tenerse siempre presente para preservar la existencia saludable de la pareja es la correspondencia proporcional amorosa que debe existir, ya analizada en una consideración anterior de este texto.

La pareja es una unidad social que actúa como un ente único en la sociedad en muchos aspectos. La base de la convivencia armoniosa de la pareja reside en que las decisiones que pueden afectar a ambas partes deben ser resueltas en función de la relación existente entre las dos personas. Los elementos fundamentales que unen a la pareja son la exclusividad que se da en el hecho de compartir determinados elementos, como el cuerpo y los bienes materiales que se produzcan durante la relación conyugal. La toma de decisiones conjunta implica la aceptación íntima de la existencia de una estructura de poder interno como un compromiso.

Esta tipo de relación de pareja debe ser una necesidad de todo humano y puede considerarse, hasta cierto punto, como una obligación que debe asumirse. Lo contrario, vivir la vida solo, sin compartir con nadie, no parece natural. Y todo lo contrario a lo natural: generalmente conspira contra uno mismo.

Creemos conveniente traer a colación que las parejas, con o sin familia, cuando están unidas por el matrimonio, o no casadas pero con estabilidad en el tiempo —legalmente consideradas de hecho—, contribuyen a la constitución de la sociedad, representando las unidades sociales fundamentales que la integran. Además, los hijos provenientes de esas parejas deben ser ejemplo de buena conducta y de buenos modales hacia los demás niños que frecuenten sus espacios habituales. Esto debe propagarse en la comunidad hacia los otros niños, como una onda expansible y saludable a ser imitada por los demás infantes.

Por otra parte, cada uno de los integrantes de una pareja debería practicar periódicamente la autocrítica mutua de su comportamiento del uno con el otro, es decir, el juicio crítico constructivo que cada uno se debe realizar sobre su modo de ser y de conducirse conductualmente ante el otro y ante los demás, a fin de ir haciendo gradualmente las correcciones necesarias.

Asimismo, la manera de desenvolverse de la pareja debería siempre coincidir con lo que usualmente proyecte en el vivir, al comportarse, juzgar, obrar, actuar y expresarse ante los demás.

Se ha considerado conveniente incluir este tema sobre la pareja en este texto, por cuanto debería ser una condición de toda persona que se precie de practicar el sentido común centrado en algunas conductas personales fundamentales.

24. De la organización, la disciplina y la persona

Toda persona que desee llevar una vida con sosiego y con muy poca ansiedad debe saber que solo podrá lograrlo satisfactoriamente por medio de la aplicación consciente y sistemática de una programación mental que persiga aplicar para sí el binomio organización-disciplina. Por consiguiente, para que la persona alcance un grado conveniente de tranquilidad ante las tantas vicisitudes que se le puedan presentar en el acontecer diario, es preciso que desarrolle verdadera conciencia y convicción acerca de la importancia que tiene el uso del señalado binomio. Su aplicación continua mejorará parte significativa de su forma de ser y de proceder e influirá positivamente en la organización y disciplina personal en su desenvolvimiento habitual.

La aplicación constante de lo que este binomio representa traerá consigo a la persona que lo utilice muchos beneficios tangibles, como es, por mencionar alguno, llevar una vida sosegada y grata, al poder cumplir con puntualidad con los compromisos u obligaciones que contraiga con cualquier persona natural o jurídica en los ámbitos donde usualmente se desenvuelva, también contribuirá con un mayor bienestar material en todos los órdenes del quehacer habitual.

Por todo lo explicado y sugerido aquí, cualquier persona que se precie de practicar el sentido común centrado en conductas personales fundamentales compartiría con el autor la necesidad imprescindible que constituye actualmente tener una mente organizada y disciplinada, pues esta reflejará la forma en que esa persona se comporta y se expresa ante los demás sobre algún asunto de forma coherente y racional, por lo cual, en cualquier ámbito que frecuente, será percibida por los demás como una persona confiable.

Finalmente afirmamos que la aplicación perseverante del binomio en cuestión ayudará mucho a que dicha persona tenga la capacidad de juzgar, obrar, actuar y expresarse ante los demás sobre cualquier materia que le toque tratar con prudencia, lógica y buen juicio.

25. De la firmeza responsable en los actos y en la persona

En vista de la capacidad que tiene la persona de responder por su conducta y proceder en su vida, asume su responsabilidad de contestar ante el derecho y la moral por sus actos y por sus consecuencias, y puede ser objeto de castigo o de recompensa.

La palabra "responsabilidad" proviene del latín *respondere* (responder), la cual se refiere a que el ser humano asume las acciones realizadas como autor. En un sentido más amplio y desde un punto de vista psicológico, responsabilidad también significa madurez en conciencia y conocimiento en una persona, al ser considerada apta para realizar una tarea determinada adecuadamente, así como estar calificada para tomar decisiones atinadas y convenientes para ella. En sentido moral, la responsabilidad obliga a cada persona a reconocerse como autor de sus actos ante su conciencia y ante la sociedad.

La responsabilidad tiene una significación moral subjetiva —referida a nuestro modo de pensar y de sentir—, cuando la persona obra y se hace responsable de dicha actuación ante sí mismo, ante los demás y ante el mundo. Por lo tanto, sostenemos que dicha responsabilidad no queda limitada solo al ámbito individual, sino que, por el contrario, trasciende hacia los demás y hacia la sociedad. En consecuencia, las acciones ejecutadas por toda persona necesariamente influyen positiva o negativamente en los demás, pues todo acto humano produce consecuencias.

Por las razones expuestas, toda persona debe asumir con responsabilidad todos los actos que realice conjuntamente con la naturaleza de sus implicaciones, así como cumplir con todas aquellas obligaciones que contraiga con otros en cualquier ámbito donde usualmente se desenvuelva.

La persona responsable debe siempre exhibir fortaleza y, en ningún caso, vacilar ante el cumplimiento de las obligaciones contraídas, haciendo siempre honor a ellas, salvo ante algún caso excepcional que se justifique plenamente.

Esto debe ser un comportamiento habitual de toda persona que se respete y aspire a ser respetada por los demás en todo cuanto convenga con la otra parte. Este comportamiento solo debe conducirse de la manera referida anteriormente, porque hay que suponer que esa persona es consciente y ha analizado detenida y previamente las implicaciones que conllevan las responsabilidades contraídas.

Esta forma de conducirse en la vida cotidiana es característica de una persona que se precie de practicar el sentido común centrado en conductas personales contenido en este texto.

26. De la presencia y la apariencia personal

La persona debe tratar de cuidar generalmente su estado corporal y su aspecto externo referido al vestir, especialmente cuando se halle delante de los demás en el mismo paraje, pues tal condición presencial es generalmente considerada como un comportamiento y un reflejo de su modo de ser.

Esta persona tiene que ser consciente de la importancia que se le concede generalmente en la sociedad donde ella se desenvuelve observar con regularidad esta regla presencial, pues la misma constituye un estado apreciado por muchas otras personas, pues contribuye a abrir muchas puertas en casi todos aquellos ámbitos que frecuente.

Conviene advertir que esta particularidad presencial puede no revestir importancia en algunas regiones geopolíticas del mundo, por ser civilizaciones generalmente dogmatizadas y con tradiciones históricas muy diferentes a las de la sociedad occidental.

Continuando con el desarrollo de esta consideración, podemos advertir que en el caso de que priven por razones de salud la persona no pueda mantener un cuerpo delgado y razonablemente estilizado como se sugiere, ello no debe obstaculizar que su vestir sea bueno o relativamente bueno.

Lo significativo del requerimiento hecho sobre la apariencia externa de la persona, aun cuando pueda parecer fatuo, constituye un rasgo que trasluce, en cierta forma, lo honesta que esa persona pueda ser en su desenvolvimiento habitual, de tal manera que la hace merecedora de su aceptación en la sociedad donde vive.

Por lo tanto, tratar de mantener la combinación aludida entre el aspecto corporal con el vestir debería ser característico de alguien que practique razonablemente el sentido común centrado en conductas personales fundamentales.

27. De la excelencia y la persona

La excelencia es una cualidad que debe ser practicada por toda persona que aspire a distinguirse en todas las actividades que se proponga realizar, de tal forma que lo convierta en un objetivo de su vida, particularmente cuando desee crecer en el campo del saber, como vendría a ser estudiar un oficio o una profesión universitaria que decida ejercer distinguida y responsablemente a fin de ganarse el aprecio de los demás y ser dispensado con un trato especial por sus jefes jerárquicos. Siempre debe tratar de mantener y de elevar su nivel de conocimiento y desempeño cotidiano. Por lo tanto, esa persona durante el ejercicio de su profesión seguramente sobresaldrá entre sus compañeros de trabajo y podrá ser vista como un contendiente difícil de superar.

En la posición que ocupe, debe continuar distinguiéndose por sus renovados conocimientos, iniciativas, creatividad, empeño y diligencia, en no solo hacer el trabajo que le encomiende su superior jerárquico, sino también realizar aportes creativos y valiosos para beneficio de esa organización.

A fin de cuentas, la excelencia personal debe definirse como una manera de vivir, una actitud mental positiva ante los desafíos de la vida, de exhibir siempre un pensamiento optimista inclinado a solucionar cualquier problema que se le pueda presentar. Esta capacidad personal de ir desarrollando una fuerza de voluntad férrea destinada a mejorar cada día y de resolver problemas o dificultades cada vez mayores dentro de alguna organización donde preste sus servicios seguramente le proporcionarán a la persona gran estabilidad laboral, y podrá llegar a ser considerada como elegible, entre otros, para dirigir la organización en un futuro cercano.

En otras palabras, esta excelencia también se puede entender como la manera en que el individuo desarrolle gran parte del potencial integral de sus facultades naturales para demostrar que casi todo se puede lograr con manejo o control razonable de las emociones negativas, mediante la evocación constante de pensamientos positivos, tratar de mantener una autoestima alta, la imaginación y la creatividad, el empeño, la organización, la disciplina, y la iniciativa, entre otras cosas. La única manera de lograr convertir toda esta riqueza potencial desarrollable en algo real es precisamente agregando a las cualidades anteriores la realización de un trabajo intenso y de calidad.

Los seres humanos excelentes en las actividades que realizan poseen muchas características valiosas, como las indicadas anteriormente, entre las cuales un alta autoestima usualmente se considera básica, pues siempre aparece presente entre las que sobresalen. Puede llegar a pensarse que las personas excelentes son seres superiores, pero en realidad no es así; lo que ocurre es que poseen las características antes referidas, acompañadas de un sentimiento de mucha seguridad respecto de ellas mismas y de la capacidad de concretar lo que tienen en mente.

Conviene reiterar que la calidad de la autoestima o autovaloración es muy importante en el quehacer humano, por cuanto constituye nuestra autoimagen, es decir, cómo nos sentimos o proyectamos ante los demás. La autoestima consiste en los pensamientos positivos y en los sentimientos referidos a cómo somos y actuamos. Cuanto más positivos seamos, necesariamente mayor será nuestra autoestima; lo contrario ocurre cuando actuamos con energía negativa.

Cualquier cosa que uno se empeñe en hacer con aprecio o mística podrá calificarse como excelente. Por esta razón, la excelencia debe ser la característica de una persona que se precie de practicar el sentido común centrado en la persona en toda su extensión.

28. De la timidez y la persona

Desde un punto de vista etimológico, el término "timidez" procede del latín *timidus*, que significa "temeroso". La Real Academia Española (1992) define el término para un individuo, como "temeroso, medroso, encogido y corto de ánimo". Sin embargo, a pesar de ser un concepto bien definido y aceptado popularmente, "en el ámbito científico luce ambiguo y poco diferenciado de otros conceptos, como introversión, inhibición conductual o ansiedad social".

En el párrafo anterior se presenta una definición de "timidez" que parece bastante acertada y está signada en su esencia por el miedo que nos acecha en ciertos momentos de la vida y en cualquier ámbito en que nos toque desempeñarnos.

Ahora que se concibe el miedo como la esencia de la falta de seguridad en uno mismo y causa fundamental de la timidez, dificultad para hablar en público o relacionarse socialmente con otras personas, se cree oportuno aprovechar la oportunidad para afirmar que algunos estudiosos de la materia consideran que el miedo se podría entender o definir como una mezcla, en mayor o menor medida, integrada por la inseguridad, el temor, la impotencia y la desconfianza, en función de ciertas circunstancias.

El miedo es un factor que genera efectos negativos, y se debe recordar que evoluciona durante la crianza del niño, que está influida generalmente por su interacción con el ambiente; particularmente en la etapa de la adolescencia, mantiene características propias de esta etapa. Luego acompaña a la persona en la adultez, durante la vida, con las peculiaridades individuales que haya adquirido con el transcurrir del tiempo. Estas características adoptadas pueden depender, en parte, de que se haya o no recurrido a la ayuda profesional para reducirlo.

Reflexionando, nos inclinamos a creer que la timidez es una realidad inocultable, la cual, como hemos sostenido, es causada fundamentalmente por el miedo o temor a actuar con soltura y naturalidad ante los demás en cualquier espacio social o comunicacional. Se estima que ella puede activarse en cualquier momento y lugar propicio para su aparición en el cual nos encontremos, así como también puede estar estimulada por la contribución de más de uno de los factores que, en cierta medida, ocasionan el sentimiento del miedo. Ellos son: el temor, la inseguridad (provocada por lo extraño), la baja autoestima (baja valoración de uno mismo), la dificultad para relacionarnos con los demás, el retraimiento (cohibición), la suspicacia, la cautela (racional o irracional), la tensión (estado psicológico de excitación, impaciencia) y el temor irracional (que no tiene explicación a nivel consciente).

La timidez en el fondo de nosotros es, en general, el miedo a causar una mala impresión en los demás por falta de preparación y de conocimiento sobre alguna materia cuya discusión o presentación puedan ser necesarias en una reunión determinada; o al relacionarnos sociablemente con los demás o dirigirnos a un auditorio público o privado acerca de ese tema, que podría convertirse en un asunto de mucho interés para los concurrentes al evento. En este último caso, la timidez puede inducirnos a presagiar íntimamente la posibilidad de que nos puedan criticar por nuestra manera de desenvolvernos ante el auditorio, lo cual puede disparar la ansiedad y hacer que aparezcan síntomas de tensión y sudoración en las manos.

Sobre la base de las consideraciones anteriores, el autor presume que en el efecto producido por la timidez, podrían actuar concurrente o complementariamente más de un factor de los arriba indicados (derivados del miedo), reduciendo, en grado variable, la naturalidad espontánea de la persona en el modo de proceder cuando se le requiera actuar, socializar, expresar o presentar algo ante los demás en cualquier ámbito y momento de la vida.

Cuando la timidez se convierte en patológica, generalmente ocasiona trastornos psíquicos a esas personas, con consecuencias inconvenientes para su desarrollo personal.

La timidez suele manifestarse en diferentes grados, en unos más y en otros menos. No es fácil poder controlar estas emociones de signo negativo, pero si logramos hacerlo en cierto grado, eso nos permitirá desenvolvernos razonablemente, siempre dependiendo también del empeño perseverante y tesonero que pongamos al aplicar el autocontrol emocional.

Para comenzar con nuestra aspiración irrenunciable de reducirla en cierta medida conveniente, sugerimos empezar por reconocer y aceptar su existencia como una limitación generalmente inevitable de lo que debería ser nuestro comportamiento normal. Para intentar superar este efecto negativo gradualmente, tendríamos que empezar por poner en práctica un esfuerzo sistemático (de forma metódica) de autorreflexión rectificativa que analice y ponga en evidencia la irracionalidad de esta limitación; tal esfuerzo debe estar destinado a que nos sobrepongamos a ella, la cual constriñe nuestro desenvolvimiento normal en los ámbitos en los cuales deberíamos desempeñarnos con naturalidad.

Habiendo sido aceptada esta realidad limitativa, como un estado psíquico que tiende a reducir nuestra capacidad conductual normal y expresiva ante un auditorio público o privado, parece conveniente estimar la influencia negativa ejercida (poco, algo, mucho, etc.) por la timidez sobre nosotros, pues tal conocimiento nos ayudará a conocer el grado de empeño y diligencia que tendríamos que aplicar para alcanzar nuestra aspiración de disminuir el efecto de la timidez. Por lo tanto, si se desea reducir tal efecto, deberíamos empezar por concientizarnos y por convencernos íntimamente sobre el carácter injustificado, con visos de irracionalidad en muchos casos, que generalmente acompañan el temor que nos acecha en algunos actos que realizamos en la vida y que nos causan angustia e inhibición ante determinadas circunstancias cuando aspiramos desenvolvernos con soltura y con naturalidad.

Si logramos percibir en nuestro comportamiento una disminución de la timidez en un grado considerado aceptable, parecería entonces aconsejable incrementar y preservar en el trascurso del tiempo este esfuerzo. Esto último podría parecer muy optimista, pero en realidad va a depender, en buen grado, del empeño que nosotros pongamos para alcanzarlo.

Cabe advertir que siempre va a ser muy importante tener presente la contribución de la ayuda profesional que se reciba, sea esta total o parcial, sobre el problema en cuestión, conjuntamente con nuestro propio esfuerzo, para tratar de lograr disminuir el efecto negativo de la timidez.

Sobre la base de lo ya expuesto en este texto, podríamos sostener que el logro de la reducción gradual deseada de la timidez es, por ende, obtenible en personas exitosas, comentaristas radiales y televisivos, dirigentes empresariales, políticos, investigadores científicos y muchos más, que no han podido controlar o reducir significativamente la influencia psicológica inhibidora que ella ejerce en las actividades que esas personas realizan.

Como excepción y aspecto satisfactorio de la timidez, es necesario indicar que aun cuando ella tiene generalmente un efecto negativo sobre nuestro comportamiento usual, puede juzgarse como positiva solo en aquellos casos en que nos proteja de accionar con impulsos inconvenientes y cometer desatinos.

La timidez tiene algunas formas de revelarse

Aunque es cierto que el miedo juega un papel esencial en la activación de la timidez, también es verdad que esta hace su aparición con más frecuencia en aquellas circunstancias en que está ausente la falta de seguridad y la confianza en nosotros mismos. Particularmente cuando tratamos de socializar o de relacionarnos con los demás, o cuando estamos en presencia de factores inhibidores como el conocimiento, la jerarquía, la distinción, el poder político, el poder económico, la belleza y los atributos intelectuales de las mujeres, entre otros.

Por otra parte, la timidez es influida por las exigencias que imponen las normas morales que rigen la sociedad, por cuanto en ella es visto como no reprochable que buena parte del poder provenga del dinero y que, por la tanto, la pobreza, siendo la que más abunda en el mundo y cuyo origen se debe a la falta de educación y, por consiguiente, a no tener nada que ofrecer a la sociedad en que se vive, pueda ocasionar un estado afectivo de inferioridad. Igualmente contribuye a la timidez la discapacidad física que afecta a algunas personas, entre otros factores.

Reacción en sentido contrario

Como reacción de las personas a su timidez, puede surgir en ellas un afán de obtener poder político y económico que les permita exhibir influencia, renombre y posesión de riqueza que contrarreste el miedo a la pobreza y a la dependencia de otros. De estos deseos de poseer cosas, pueden aparecer impulsos de arrogancia, como son las tendencias a predominar sobre los más humildes.

El autor ha considerado necesario incluir esta consideración en el texto de esta obra, debido a que la timidez incide negativamente, en un grado inconveniente, en el desenvolvimiento natural de las personas que aspiren a ejercer y a practicar como forma de vida el sentido común centrado en conductas personales fundamentales.

29. El saber pensar y la persona

El fin indispensable que persigue la presente consideración es tratar de exhortar al lector de este ensayo para que logre, con todo empeño, el aprendizaje orientador, apropiado y fundamental requerido para tomar conciencia de la importancia que tiene el poder procesar dentro de su mente, mediante un razonamiento analítico, lógico, previo y ágil, los contenidos de los pensamientos que él evoque, estructurados con ideas, creencias, prejuicios, etc. y que posteriormente decida expresar, pronunciar o convertir en palabras antes los demás. Esta actividad es importantísima y constituye una aproximación *al saber pensar*. Es importante que la persona tenga la capacidad de transmitir todo aquello a los demás, con determinados propósitos, sin que se pueda prestar a interpretaciones dudosas por el o los sujetos receptores, para lo cual debe aplicarse siempre la prudencia y la sensatez, evitando de esta manera, en lo posible, que dichos contenidos mentales se presten a ser mal interpretados por parte de quien o de quienes los reciban. Manejar esta actividad mental de forma inteligente y cuidadosa constituye un reto y un privilegio, pues ello le permitirá desenvolverse razonablemente bien en los ámbitos que le toque frecuentar en la vida.

Una primera aproximación de iniciar este aprendizaje orientador tan importante descrito en el párrafo anterior podría ser por medio del fomento y de su mantenimiento necesario y cordial respecto de nuestras relaciones humanas de naturaleza gregaria. Debemos tener siempre muy presente que estamos haciéndole frente a una actividad mental que solo contiene pensamientos con estructuras energéticas que algunas veces son de signo positivo y otras de negativo.

Ahora bien, se cree que ese comienzo de aprender a pensar debería realizarse desde la instrucción que se imparte en las escuelas, los colegios, los bachilleratos y las universidades. Pues enseñar a los jóvenes *a saber pensar*, como se plantea aquí, necesariamente pasa porque los propios maestros o profesores de los establecimientos educativos antes citados le concedan también la gran importancia que tiene ejercer esta actividad y que, por lo tanto, estén dispuestos a discutir y a contrastar con sus alumnos diferentes ideas y creencias convenientes para ese fin, tratando siempre de profundizar, en lo posible, esta clase de enseñanza en dichos establecimientos.

Relacionando lo referido en los párrafos que preceden con el contenido del resto de la obra, se observa que en algunas de las consideraciones que la integran, ya es tocado y considerado importante el asunto aquí tratado. De ahí que al hablarse sobre algún tema específico con cualquier persona que conozcamos, sin importar el vínculo que podamos tener con ella, debemos pensar y reflexionar previa y cuidadosamente, qué es lo que vamos a expresar o trasmitir sobre algún tema o parecer que deseemos tratar o compartir y cuáles deberían ser las palabras apropiadas que deberíamos utilizar para hacernos comprender fácilmente en cualquier coloquio, reunión social o ante un auditorio al que asistamos en un ámbito determinado, evitando de esta manera poner en entredicho nuestra preparación intelectual o la reputación que tenemos como personas prudentes, serias y de bien.

De acuerdo con el Diccionario de la Real Academia Española, "pensar" significa "Reflexionar, examinar con cuidado algo para formar dictamen", mientras que en el Diccionario Español Word Reference se define como "Examinar algo en la mente antes de tomar una decisión o darle una solución". Ambas definiciones son casi coincidentes y suficientemente claras.

Ahora que está definido lo que significa ***saber pensar***, se puede afirmar que **hay tres clases de pensar**, que debemos tener presentes y que se señalan a continuación:
- 1) **Empírico:** Es el pensar cotidiano, espontáneo y superficial *basado* esencialmente en la práctica y en las experiencias.
- 2) **Científico:** Es el pensar sistemático de juicios y de razonamientos que se tienen del mundo y de lo humano.
- 3) **Lógico:** Es el pensamiento orientado, guiado y sujeto a los principios racionales de la mente".

Esta actividad mental de "saber pensar" es lamentablemente muy poco practicada por las personas en cualquier parte del mundo, entre otras razones, por las deficiencias educativas, los malos hábitos de conducta, el ambiente natural, las malas influencias, la pereza mental, los conflictos, los traumas, la ansiedad y otras fallas o debilidades propias de la naturaleza humana, lo que desvía el interés que se debe tener en ejercitar el pensar, para atender otras necesidades a las que se les concede mayor importancia.

La actividad cerebral de pensar se manifiesta por medio de los pensamientos, que **son el efecto**.

Ahora, "Las características de los pensamientos, como resultados del pensar, son las siguientes:
- 1) El **pensar lógico** se caracteriza porque opera mediante ideas que forman el entendimiento de una realidad, de un objeto o de algo similar. A su vez, el proceso del pensar lógico siempre sigue una determinada dirección. Esta dirección va en busca de una conclusión o de la solución de un problema, no sigue propiamente una línea recta, sino más bien un rumbo zigzagueante con avances, paradas, rodeos y hasta retrocesos.
- 2) **El pensar** siempre responde a una motivación que puede estar originada en un ámbito donde alguien se

desenvuelva en un ambiente natural, social o cultural, de negocio o en el propio sujeto pensante.
- 3) El pensar está orientado a una resolución de problemas. La necesidad exige respuesta.
- 4) El **proceso de pensar** se presenta como una totalidad coherente y organizada, en lo que respecta a sus diversos aspectos, elementos y etapas".

Una vez que hemos llegado a la conclusión de que la actividad de pensar produce pensamientos, conviene señalar a los lectores los tipos de pensamientos que usualmente se generan:

A) Pensamiento deductivo: Va de lo general a lo particular. Es una forma de razonamiento de la que se desprende una conclusión a partir de una o varias premisas.

B) Pensamiento inductivo: Es el proceso inverso del pensamiento deductivo, es el que va de lo particular a lo general. La base es la figuración de que si algo es cierto en algunas ocasiones, lo será en otras similares aunque no se puedan observar.

C) Pensamiento analítico: Realiza la separación del todo en partes que son identificadas o categorizadas.

D) Pensamiento de síntesis: Es la reunión de un todo por la conjunción de sus partes.

E) Pensamiento creativo: Aquel que se utiliza en la creación o modificación de algo, introduciendo novedades, es decir, la producción de nuevas ideas para desarrollar algo nuevo o modificar algo existente.

F) Pensamiento sistémico: Es una visión compleja de múltiples elementos con sus diversas interrelaciones. *Sistémico* deriva de la palabra sistema, lo que nos indica que debemos ver las cosas de forma interrelacionada.

G) Pensamiento crítico: Examina la estructura de los razonamientos sobre cuestiones de la vida diaria, y tiene una doble vertiente, analítica y evaluativa. Intenta superar el aspecto mecánico del estudio de la lógica".

30. El saber expresarse y la persona

En vista de la importancia que se le concede a esta consideración, como parte del texto de esta obra, se considera conveniente y oportuno iniciar su desarrollo recordando que en el uso razonable o adecuado de la lengua española es relevante el poseer un vocabulario suficiente, conocer el significado y la pronunciación de cada una de las palabras que se puedan requerir en cualquier ocasión para ser pronunciadas razonablemente bien, así como saber construir con ellas oraciones que tengan sentido. De ahí que la sintaxis, como parte de la gramática, estudie la forma en que se combinan y relacionan las palabras para formar dichas oraciones y la función que estas últimas desempeñan. Asimismo, la sintaxis también estudia los tipos de oraciones.

Ahora bien, la oración debe siempre estar formada siguiendo un orden de los elementos que la conforman, como son: el sujeto, el verbo y el predicado o complemento. Por la importancia que estos tienen en la lengua española, se debe recordar cómo hay que estructurarla siempre y en qué orden. Primero viene el sujeto, quien es el que realiza la acción, ¿cuál acción?, a la que se refiere el verbo (segundo), ¿y quién justifica esa acción?, lo hace el predicado o complemento (tercero). Esta explicación se hace por la valía que tiene la oración en el acto de expresarnos ante los demás en forma razonable.

Conviene tener presente que para poder expresarnos con soltura y fluidez ante los demás sobre algún tema es importante ser conscientes del valor que eso tiene el buen grado de autoestima, ánimo y aliento que poseamos, pues va a depender de ellos, en buena parte, el éxito que logremos alcanzar durante nuestros actos expresivos. Agregaremos sobre dichas cualidades que estas deberían tener un grado suficiente de calidad, pues nos permitirán gozar de confianza en nosotros mismos, así como de tener valor y energía suficiente.

Si este no es el caso, sino que, por el contrario, tenemos la tendencia de no sentirnos suficientemente autoconfiados, lo que probablemente ocurra antes y después de que comencemos a exponer ante los demás es que hagan su aparición la ansiedad y la sudoración en las manos del expositor como resultado de tener un grado bajo de autoestima. Este grado insuficiente de autovaloración personal generalmente trae consigo una propensión a que sobreestimemos o exageremos el valor del acto expresivo que estemos realizando, atribuyéndole en esta ocasión un efecto que realmente no tiene, todo ello ocasionado por poseer una autoestima baja.

Sobre la valía de la autoestima, conviene agregar el hecho de que en ella reside el sentimiento valorativo de nuestro ser y de nuestra manera de ser, de quiénes somos nosotros; así como del conjunto de rasgos mentales propios, espirituales y corporales que nos configuran como persona.

A título ilustrativo y sin ánimo de inquietar al que va a expresarse como expositor ante los demás, únicamente lo alertamos acerca de la conveniencia de tener presente que el miedo escénico es una de las formas de ansiedad más padecidas en el mundo, es denominada ansiedad social y solo se manifiesta frente a grupos de personas y ante la inminencia de tener que expresarnos en público o por efecto de imaginar realizar dicha acción.

Cuando queramos expresar o manifestar una idea u opinión sobre alguna materia adelante de un público, es importante haber previsto y analizado detenidamente lo que deseamos comunicar. Para ello es indispensable haber logrado organizar, de una manera priorizada, nuestras ideas en la mente, de tal forma de que lo que se afirme en esta oportunidad tenga un orden lógico, coherente, sensato y fácilmente comprensible.

Ahora bien, creemos conveniente afirmar que el habla, la comunicación, el diálogo, la conversación, el intercambio de ideas, la transmisión de pensamientos y emociones, la charla y el coloquio interpersonal son piezas claves del expresarnos acerca de los seres humanos.

De ahí que el hombre sea un ser conversador y comunicativo, dotado de ese gran don que es la palabra, sin la cual sería difícil poder vivir. Para unirse a otros hombres, para convivir con ellos o realizar junto a ellos una acción en común, el hombre necesita hablar.

La palabra es el elemento que comunica energía y vitalidad en la vida comunitaria. Hablar es la acción que constituye y fundamenta la comunidad de manera primaria, el vínculo que la une, el aliento que la mantiene viva. Una comunidad será sana y fuerte en la medida en que en su seno se hable con libertad, espontaneidad, franqueza, confianza y buena voluntad. Sin diálogo no hay convivencia posible.

Importancia del lenguaje

Comunicarse con los demás significa expresar o manifestar a los otros nuestros pensamientos, deseos e interpretaciones de las cosas y del mundo.

Todo esto, sin embargo, no es posible sin el lenguaje, ya que es por medio de este que se establecen las relaciones humanas.

El lenguaje o estilo y el modo de hablar y escribir de cada uno constituyen una actividad exclusivamente humana que nos permite comunicarnos y relacionarnos con otras personas mediante expresiones y mensajes comprensivos. En otras palabras, el lenguaje es la manera que tiene toda persona para comunicarse con los demás oralmente, por escrito o por otros medios. Además, es una cualidad muy importante del ser humano, gracias a la cual este puede analizar, interpretar y comprender su presente teniendo en cuenta su pasado, y proyectarse hacia el futuro como individuo y ser social que sabe que el futuro es de los que saben en toda sociedad del conocimiento.

Para destacar la importancia de expresarse, cabe señalar que los seres humanos vivimos inmersos en un mundo competitivo, donde la palabra, en especial la expresada verbalmente, es un factor decisivo que viene a constituir el medio o instrumento importante de hacer posible la convivencia, la comprensión, el éxito y el reconocimiento merecido entre los seres humanos.

Asimismo, todos los seres humanos necesitamos del lenguaje verbal para expresar nuestras necesidades, pensamientos, sentimientos y emociones, así como también para comunicarnos y tener la capacidad de adaptarnos al medio que nos rodea.

Por lo tanto, el lenguaje verbal es un aspecto instrumental imprescindible para la vida relacional. Sin él, el hombre es un ser socialmente incompleto, sin capacidad para proyectarse en la sociedad. La persona debe tener siempre presente la importancia de adecuar su lenguaje al contexto ante el cual se encuentre. No es lo mismo expresarse entre profesionales y técnicos que ante un círculo íntimo o personal.

Finalmente es bueno señalar que esta cualidad no se refiere a un hecho puramente "mecánico", ni tampoco a algo que se adquiere o se da de una manera natural, como aprender a caminar, sino que es algo mucho más complejo y que detrás de todo esto está el hecho de sentir, de saber pensar (reflexionar críticamente) y de ser hombre.

31. Cómo la persona debe conducirse entre interlocutores
Generalidades del actuar personal

El propósito del desarrollo de esta consideración es ofrecer al lector interesado en este texto contar con una normativa escrita que recoja ciertos consejos generales en el hablar que provienen de personas muy cultas y experimentadas en el buen uso del lenguaje. Tales consejos le permitirán expresarse razonablemente bien cuando se encuentre entre personas conocidas, desconocidas o en sociedad. Para lograr lo sugerido aquí, el referido lector deberá ser consciente de la conveniencia que tiene aplicar sistemáticamente las normas aludidas, que deben regir una conversación entre personas con cierta cultura general, la cual permite tratar temas de cualquier naturaleza, nacional o internacional vigentes o no en la actualidad.

Normas generales

A continuación se ofrecen algunas normas escritas muy convenientes para aplicar en cualquier reunión o evento interlocutorio al cual tenga que asistir.

La gente normalmente tiene la tendencia de congregarse con otras personas para conversar e intercambiar ideas u opiniones sobre uno o varios asuntos que pueden ser de interés común o de algunos de los presentes, convirtiéndose generalmente en una reunión. Esto suele ocurrir y en ocasiones pueden convertirse en sociales.

Pues bien, en estas reuniones suele haber personas con diferentes niveles intelectuales e intereses, que aprovechan la oportunidad para hacer contactos personales con fines diferentes. Por tal razón, cada asistente a la reunión debería, en lo posible, estar a la altura correspondiente de saber desenvolverse razonablemente bien, cuidando su imagen y sus propios intereses, ante cualquiera de los que estén presentes, los cuales posiblemente puedan tener inquietudes variadas.

Para tratar de alcanzar tal fin, la persona que sepa que se celebrará una reunión determinada, a la cual le agradaría asistir, debe empezar por esperar la invitación, sea por escrito o verbalmente. Una vez recibida, si es el caso, procederá a examinar a qué clase de reunión está siendo invitado, si es familiar, de amigos o de tipo formal por el acto que se realizará. Luego tratará de averiguar, en lo posible, qué personas asistirán y si conoce a algunas de ellas. De esta información obtenida, deducirá o presumirá la importancia de la reunión en cuestión y del alcance que pueda llegar a tener. Luego reflexionará acerca de si le conviene asistir o no. En caso afirmativo, se vestirá como corresponda para la ocasión.

Una vez que la persona se ha enterado de las posibles particularidades de la reunión, entonces deberá consultar alguna información que considere necesaria para esta ocasión, así como prepararse mental y culturalmente para tener la capacidad de poder desenvolverse bien y estar a la altura de las circunstancias que se le puedan presentar. En casos como este, debe tenerse presente lo conveniente que es que dicha persona proyecte una imagen agradable ante los presentes y que siempre actúe con prudencia, lógica y sensatez cuando decida intervenir en el coloquio o reunión.

La prudencia como regla conversacional

El autor considera que es un imperativo que se mantenga y considere **LA PRUDENCIA** como la cualidad que presida todo acto que vayamos a efectuar ante los demás, pues *el verdadero significado de la prudencia está dirigido a ejercer la conducta más oportuna que debe tener una persona para lograr su mejor aceptación entre los integrantes de la sociedad, lo cual se traduce necesariamente unas veces en refrenar una acción y otras en impulsarla.*

Esta posición del autor con respecto a la prudencia se fundamenta en el hecho de que una persona debe ser siempre prudente como norma en la vida, particularmente en cualquier ámbito social que frecuente, así como en la conducción de las relaciones interpersonales, para las cuales debe informarse bien acerca de los criterios rectos y más razonables que intente usar, de lo que hay que hacer y ponderar antes de expresarse sobre una toma de decisión y de las consecuencias favorables y desfavorables para ella y para los demás. Posteriormente actúa o deja de actuar, de acuerdo con lo decidido.

Lo primero que toda persona tiene que tener muy presente en cualquier reunión a la que asista es el uso inteligente y oportuno de dicha prudencia en cada movimiento que desee realizar, como podría ser el caso en el que se vaya a hacer alguna aproximación ante un invitado o conjunto de ellos para escuchar de lo que están tratando y, posiblemente, incorporarse a él. Si conocemos sobre la materia de que se está conversando y es de nuestro interés, podremos unirnos al grupo e intervenir. Ahora bien, ya formando parte de él, se podría considerar conveniente aportar algo que pueda ser importante traer a colación, que no se esté tomando en cuenta y que podría contribuir a esclarecer lo que se discute. Esta y cualquier otra intervención futura que se resuelva hacer ante los demás debe estar signada por la modestia, el comedimiento y el tono de voz al hablar.

Continuando con la indicación de las normas requeridas para tratar de actuar siempre de la mejor manera y con la sensatez correspondiente, insistiremos en señalar todas aquellas otras que sean corrientes y aquellas obvias muy importantes que debemos observar cuando se nos presenten oportunidades o reuniones en el acontecer futuro.

El saber pensar como fundamento del hablar

En este orden de ideas aleccionadoras que venimos desarrollando, conviene tener presente que el **saber pensar** constituye una expresión que sirve de fundamento esencial para la conformación de la mayoría de las normas que se señalarán a continuación en el desarrollo de esta consideración.

Esta expresión del saber pensar es de muchísima **valía** para toda persona que desee tratar de expresarse razonablemente bien ante los demás sobre algún tema que sea objeto de consideración en cualquier ámbito que frecuente o al que tenga que asistir. Para lograr tal fin, su utilización debe involucrar indispensablemente tener que procesar siempre de una manera crítica y autorreflexiva la información que uno pueda conocer o percibir mediante los cinco sentidos o de los dos más importantes, como son la vista y la audición, cumpliendo siempre con todo lo explicado en la consideración correspondiente.

Lamentablemente la mayoría de la gente no sabe pensar y, por consiguiente, el efecto que obtienen al expresarse ante los demás sobre algún asunto probablemente resulte contraproducente, es decir, que no logran conseguir lo que pretendían obtener de los demás, con el agravante de que dicho acto expresivo pueda crear desagrado entre alguno o algunos de los presentes.

Ahondar sobre el saber pensar —acto de procesar racional y prudentemente— como fuente única que induce a los interesados a producir las diferentes conductas o manifestaciones de comportarse como seres humanos ante los otros nos da la oportunidad de sugerir la utilización y la aplicación de ciertos aspectos que debemos siempre observar en nuestra vida corriente, a saber:

Mensaje ulterior o subliminal

Una de estas manifestaciones conductuales, quizás una de las más importantes de las que existen y que requiere ser analizada previamente como efecto del pensar (efecto que es lo que llamamos pensamiento), es aquella que se refiere al mensaje ulterior o subliminal. Este consiste en tratar de evitar que se produzcan malos entendidos, interpretaciones erróneas o contraproducentes cuando nos toque expresarnos ante otro u otros sobre algún asunto y, en particular, cuando dicho mensaje tenga un fin determinado, como podría ser el de requerir algo de alguien.

El mensaje ulterior logrará el fin que persigue exitosamente, en la medida en que nos concienticemos y convenzamos de la gran importancia que tiene en el mundo de las personas, el medir cuidadosamente el alcance expresivo e interpretativo de lo que queramos o necesitemos transmitir a los demás.

En el caso específico de que persigamos o necesitemos obtener algo de alguien o de alguna institución, la única manera de evitar la posible carga negativa que pueda contener, llevar o atribuírsele a un mensaje ulterior que dirijamos a un sujeto receptor, con el fin de lograr algo de alguien o de otros, es el de que cuidemos mucho de introducir en su contenido palabras o vocablos que se presten a interpretaciones dudosas o inapropiadas que permitan producir en él un efecto contraproducente o negativo. De ahí su importancia.

Hacer algo por capricho o conveniencia

Algunas veces muchas personas deciden hacer algún asunto sin antes pensar, reflexionar ni consultar a nadie sobre lo que van a hacer, sino que lo realizan porque se les antoja. Después de haber tomado la decisión, solo se limitan a comunicárselo, tal vez y en algunos casos, a sus familiares o a ciertos conocidos de ellas, es decir, que lo realizan sin medir sus consecuencias personales propias y donde lo que prevalece es un simple capricho. En estos casos, generalmente, la misma persona que toma la decisión puede ser una de las más afectadas por el indicado capricho, incluyendo familiares y posiblemente amigos. Esto ocurre porque la decisión en cuestión no fue objeto de previa reflexión ni analizada con anterioridad, como tampoco fueron medidas las consecuencias que produciría.

De aquí se desprende la gran importancia que tiene la diferencia entre el verbo **"convenir"** y el verbo **"querer"** hacer algo por capricho. Esto ocurre con una frecuencia inusitada entre muchísima gente de todas las clases sociales de las áreas urbanas y rurales en Venezuela y en el resto de los otros países. Este fenómeno se puede atribuir a que la mayoría de la gente no sabe pensar ni prevé las consecuencias de ello. Por tal razón, se recomienda enfáticamente que siempre se privilegie la utilización del verbo CONVENIR sobre la del verbo QUERER en cualesquiera circunstancias, teniendo siempre muy en cuenta e intencionalmente el bien común.

Utilizar tendencias generalizadas en el hablar

Conviene recordar lo significativo que constituye en cualquier conversación que se esté sosteniendo con algunas personas sobre algún tema considerado interesante para ellas, conocidas o no, el hecho de que se participe con afirmaciones que mayormente contengan elementos de juicio fundados en tendencias generalizadas (y no aisladas) dentro de cualquier contexto o circunstancias que rodeen o condicionen una materia o idea que se esté tratando, en el cual se enfrentan y defienden opiniones encontradas.

El hablar entre las personas es un acto natural de convivencia humana que nos permite confraternizar como hermanos. Por lo tanto, debemos ejercerlo con corrección y cortesía así como con moderación en el trato que nos demos.

Ser parco en el hablar

Aunque el hablar sirve para relacionarnos, no es sencillo para algunas personas determinar cuándo es el momento de dejar de hacerlo y escuchar a los demás. Cuando esto ocurre y se presta debida atención a lo expresado por quien está hablando, su contenido podría constituirse en una fuente de aprendizaje de conocimientos. Esto es cierto cuando la conversación se desarrolle con personas que tengan similares o más cualidades intelectuales que nosotros.

Viene al caso advertir que el hablar más de lo necesario en algunas personas ocurre con frecuencia en ciertos momentos de la vida de ellas, pues eso no es visto bien ni razonable por los demás, aun cuando en algunos casos pueda justificarse tal proceder por la materia de que se está tratando y de las circunstancias que rodeen ese momento.

En algunas oportunidades y reuniones, algunas personas aprovechan para hablar mucho sobre cualquier tema que se les ocurra, como si quisieran con ello desahogarse internamente, o para hacerse notar entre los presentes. Esta tendencia conductual debe tratar de evitarse, mediante la utilización del muro de contención expresivo al que se alude en la consideración correspondiente de este texto.

Hablar con conocimiento

Debe ser aceptada por toda persona con cierta preparación intelectual, como una regla de obligatorio cumplimiento, el que esta desee preservar su imagen de corrección y seriedad ante los demás al hablar u opinar sobre alguna materia que realmente conozca y domine y, en ningún caso, se permita emitir juicios dirigidos a valorar un tema: que no maneje con propiedad y con razonabilidad.

Hablar con moderación

Toda persona que entable una conversación con otra u otras en una reunión sobre algún asunto que esté en discusión y quiera rebatirlo con argumentos de peso que puedan ser verdaderamente lógicos y sensatos, no es aconsejable que lo haga tajantemente esgrimiendo sus alegatos, pues tal proceder podría probablemente no ser bien recibido por el interlocutor. Lo recomendable en estos casos es que casi siempre se empiece por decir "**yo creo** que el asunto debería enfocarse de la siguiente manera…". De esta forma comedida, la persona que reciba la explicación fundada en razones de peso va a predisponerse de mejor manera.

Tono en el hablar

Normalmente las personas utilizan un tono de voz propio y característico en casi todos los encuentros con sus interlocutores habituales, salvo en ciertos momentos particulares y con algunos interlocutores determinados. Conviene tener presente que existen varios tonos de voz que se utilizan para distintas ocasiones y circunstancias, los cuales se pueden distinguir por el nivel de decibelios que se usen en cada oportunidad.

Es muy importante adaptar el tono de voz a cada una de las diferentes circunstancias y momentos que se nos puedan presentar, con el objeto de tratar de establecer cierta relación de coherencia entre lo que se dice con palabras y la forma en que se manifiesta.

Aprovecharemos este desarrollo para mencionar, por su importancia, algunos tonos de voz y el propósito que puede justificarlos. 1) **Tono cálido, el que expresamos con** amable sonrisa y con una actitud positiva en la presentación y en la despedida de una reunión. 2) Tono bajo, pausado y calculado, el cual refleja una actitud de control y de dominio de la situación. Se utiliza fundamentalmente para disuadir objeciones y reclamos, transmitiendo tranquilidad ante interlocutores que suelen elevar el tono de voz. 3) Tono persuasivo y convincente ante una actitud de mucha firmeza asumida por un interlocutor. Su objetivo puede ser que dicho interlocutor logre aceptar del otro un compromiso razonablemente conveniente para ambos. 4) Tono seguro, directo y serio, que refleja una actitud de profesionalidad y esmero en el trabajo, necesario para ofrecer al interlocutor correspondiente la solución, idea o servicio adecuado.

Se ha hecho referencia al tono de la voz en esta consideración por cuanto se considera que este tiene influencia en algunos rasgos de la vida conductual de los seres humanos.

Por supuesto que no escapa a estos rasgos aquel que se le debe imprimir cuando estamos entre amigos, conocidos y particularmente ante un auditorio, donde se tratará alguna materia que dominemos e interese a los asistentes. En este caso específico, debemos dirigir nuestra exposición oral al público presente con un tono de voz fluido, con soltura y con un nivel de decibelios que permita a los asistentes poder seguir con facilidad lo que se está expresando, evitando siempre que ocurran inflexiones o cambios bruscos del tono de voz que se puedan producir al hablar y que dificulten el entendimiento de lo que se está tratando.

El hecho de que esta inflexión suela producirse involuntariamente, sin percatarse el expositor de ello, deja mucho que desear de su exposición, por cuanto se pierde, en parte, la ilación que se está haciendo del contenido que se está escuchando.

Finalmente, el orador debe tratar de presentarse con suficiente autoestima, serenidad, apacibilidad, voz clara y algo alta, mirando al auditorio de vez en cuando en todas direcciones, abarcando buena parte de él y tratando siempre de mantener su boca a una distancia de alrededor de 13 centímetros (5 pulgadas) del micrófono, por supuesto, dependiendo de su sensibilidad.

Al hablar nunca adopte una actitud de testarudez

Toda persona que se precie de practicar el razonamiento, pilar en que se fundamenta esta obra,

NUNCA debe afirmar de su forma de ser "YO SOY ASÍ", en ninguna conversación que sostenga con interlocutores, familiares, amigos, conocidos, etc., pues tal expresión es una muestra evidente de que quien eso manifiesta no está acostumbrado ni deseoso de aprender a razonar por tener muy pocos conocimientos y cultura general, y se escuda siempre en que prefieren conversar sobre el pasado. Tal proceder se atribuye a la ignorancia, producto de no haber desarrollado años atrás la fuerza de voluntad necesaria para crecer en el campo del saber y no quedarse estancada en el conocimiento del pasado. Por el contrario, lo que debe hacer es ajustar su actuar al presente, con tendencia futurística, y afrontar lo que sostiene y las consecuencias correspondientes. Este proceder de dejadez o negligencia deja mucho que desear ante los demás, pues tal comportamiento es una clara indicación de que no se ha desarrollado la capacidad de poder razonar sobre la base de elementos de juicio de peso sobre algunos temas que se le pueden presentar a una persona en cualquier coloquio en su cotidianidad.

Cabe advertir que expresiones como la arriba indicada se suelen oír mayoritariamente en ciertas personas muy poco instruidas y desinteresadas en cultivarse en el campo del conocimiento por razones de dejadez o displicencia.

Hablar sin términos extremos

Por otra parte, en ninguna conversación que se sostenga entre interlocutores de cualquier naturaleza deben usarse los adverbios "nunca", "jamás", "siempre", "absolutamente", etc., pues en general el uso de estos nos induce a cometer errores.

Cómo debe comportarse la persona en una discusión

Cuando una persona entabla una discusión con otra u otras personas, sean amigas, conocidas o desconocidas, sobre la importancia de algún asunto, y desea defender sus puntos de vista con mucho énfasis, debe siempre mantener su cara en alto y no inclinada hacia abajo, y mirar con firmeza al otro u otros interlocutores. Esta postura de la cabeza debe mantenerse hasta que termine el coloquio. De lo contrario, si en cambio se inclinara la cabeza y se esquivara la argumentación esgrimida por otro u otros de los que sostiene un punto de vista diferente sobre las particularidades que se discuten aquí, eso podría ser interpretado, con cierta lógica, como que quien defiende el enfoque en cuestión con ahínco se ha dado cuenta de que sus argumentos no tienen realmente el peso que les atribuía. Finalmente se recomienda conducir el análisis discursivo con un tono de voz moderado y una manera personal de ser agradable, compartiendo el intercambio de ideas sobre el particular con los demás sin presunciones innecesarias sino más bien con sencillez y modestia.

32. Cómo la persona debería juzgar

Se entiende por "juzgar", en el diccionario de la Real Academia Española (1992), el "Formar opinión sobre algo o alguien", mientras que en el diccionario en español WorldReference.com se define como "Valorar, formar juicio u opinión sobre algo o alguien". Estas acepciones establecen los factores fundamentales que una persona tiene que considerar con detenimiento antes de crearse un juicio sobre algo o alguien que le pueda interesar.

Casi todas las personas tenemos la tendencia marcada de creernos con el derecho de juzgar al otro u otros simplemente por su vestimenta, su forma de actuar, su forma de hablar o de pensar. Estos prejuicios no son beneficiosos para nosotros ni para los demás, ya que limitan la capacidad de disfrute de todos.

En la sociedad, particularmente en muchas de ellas, se hace razonable aceptar a los otros tal cual son, sin criticarlos. Esta manera de juzgar a las personas y las cosas generalmente la aprendemos a lo largo de la vida, siguiendo el ejemplo de nuestros padres en el hogar y en la familia, y durante la instrucción escolar o en los ámbitos en los cuales usualmente nos desenvolvamos. Pero una vez que desarrollemos nuestras facultades y aptitudes naturales y crezcamos en el saber, seremos más conscientes y proclives a recapacitar.

En vista de ello, es conveniente que analicemos algunos motivos que pueden dar origen a que valoremos a los otros de manera indeseable e innecesaria. El ser humano no debería juzgar a otras personas por lo que hacen, si lloran, ríen o hacen el mal a otras personas sin querer, sino que debe observar con detenimiento lo que hacen las personas e intentar averiguar qué tienen de bueno o de malo sin juzgarlas y así poder obtener una mejor información que sustente la argumentación de cómo son ellas y, finalmente, tomar la decisión que más se aproxime a lo correcto o no.

Por ello es conveniente aplicar la reflexión y el pensamiento crítico en la persona, ya que permitirán crear las condiciones y el diseño de las estrategias para que la persona utilice y potencie sus habilidades de razonamiento, especialmente de aquellas capacidades como **observar** (mirar con atención y cautela), analizar, cuestionar, argumentar, explicar, demostrar y evaluar.

Una vez que la persona seleccione uno de los verbos señalados, considerado como fundamental para dirigir la acción de juzgar que ella se propone ejecutar sobre alguien, debe proceder a reunir los elementos integradores necesarios para poder realizar un juicio imparcial que refleje el caso seleccionado. En lo posible, debe tratar de no dejarse llevar por ninguna opinión negativa que tienda a formarse espontáneamente y de antemano. Para lograr tal fin, debe siempre procurarse evadir el subjetivismo (relativo a nuestro propio modo de ver las cosas) y tratar de aplicar preferencialmente el realismo o la objetividad.

Como hemos resuelto ahondar el tema de las relaciones humanas, optamos por aplicar uno de los verbos más importantes y reveladores de los antes señalados para relacionarnos mejor con los demás: **observar**, es decir, ver cómo las personas son y cómo reaccionan ante distintos momentos y problemas que se les puedan presentar en la vida.

Observar a los demás puede ser considerada una habilidad que nos ayuda a saber más de cada persona, a conocerla más a fondo, incluso a comprender aspectos de sí misma que ella desconoce. Por lo tanto, observar sus costumbres, sus hábitos, cómo se viste, los colores que exhibe, cómo habla (lento, rápido), sus entonaciones (cálidas, frías), todas estas características son recogidas por el lenguaje, el cual es el reflejo del contenido de los pensamientos que genera el pensar, y finalmente lograremos conocer su expresión personal cuando ella está callada, por ejemplo. Todas estas particularidades personales son la base de la conducta, o sea la manera de conducirse de una persona ante los demás, o de reaccionar ante situaciones externas que se le puedan presentar.

Cabe advertir que observar no significa estar "vigilando" a los demás. Sino solo prestar atención a personas que nos interesen en cuanto a su comportamiento y particularmente cuando son cercanas a nosotros, pero nunca la intención es la de fiscalizar su conducta. Es necesario recordar que el comportamiento de una persona está constituido por la globalidad de las cosas que hace.

Ver cómo los demás se comunican, cómo reaccionan, cómo cambian según las circunstancias nos ayudará a comprender a las personas, a mejorar nuestra relación con ellas, así como a evitar llevarnos una desilusión, como puede ocurrir algunas veces en determinadas circunstancias que pueden lastimar nuestra autoestima.

Finalmente consideremos en el manejo de las relaciones humanas, de forma complementaria y conclusiva, referírnosla referencia al significado y al involucramiento ilustrativo de algunos vocablos que señalaremos a continuación, con fin de contribuir a la explicación del propósito aquí perseguido, como son: 1) prejuicio; 2) tiempo; 3) sinceridad; 4) claridad; y 5) prevención.

1) Prejuicio implica juzgar anticipadamente un hecho, una persona o una conducta. No debemos anticiparnos a lo que realmente puede ser. Muchas veces la primera impresión que nos da una persona suele ser equivocada. Por lo tanto, es importante poder contar con la capacidad de mantener una mentalidad abierta y flexible para evitar incurrir en prejuicios equivocados.

2) Antes de emitir un comentario que catalogue a una persona de una determinada manera, debes tomarte el tiempo necesario para conocer bien sus rasgos generales. Nos podemos sorprender positivamente si le damos la oportunidad. Observa a cierta distancia, con discreción, y trata de no actuar impulsivamente, con el objeto de que la otra persona pueda actuar libremente y desenvolverse con naturalidad. Si no le damos la oportunidad, nunca sabremos si estábamos en lo cierto y si ello concuerda con lo que pensábamos.

3) No des por hecho algo basado en suposiciones. Si tienes algún tipo de dudas en relación con ciertas situaciones, pregúntalo con discreción a la persona en cuestión. Sobre todo, si se trata de actitudes o reacciones. En ocasiones, lo que nosotros consideramos como un agravio, en realidad para la otra persona puede no serlo, por eso es necesario no dar por hecho ciertas cosas, sin antes ser consultadas.

4) Debes tratar de evitar pronunciar todas aquellas palabras que sean desfavorables tanto para ti como para la otra per-

sona. Debes tratar de pensar siempre positivamente, mantenerte abierto ante alguna situación, para de este modo aceptar las diferencias y no juzgarlas. Nosotros no somos jueces de las demás personas, no somos ni mejores ni peores que ellos, somos distintos, y por eso resulta importante aprender a convivir con la diversidad de las personas en lugar de criticarlas.

5) No hagas a los demás lo que no te gusta que te hagan a ti. Si no te gusta que te critiquen sin motivo, tú no hagas lo mismo. Se afirma usualmente que cada uno tiene derecho a ser como quiere o como le conviene, siempre que no afecte a los demás. Esta afirmación es muy relativa y conlleva una tendencia negativa que la hace indeseable para los seres humanos durante su vida. Esta última afirmación se fundamenta en que en la actualidad globalizada del mundo, donde lo que prevalece y continuará prevaleciendo en el futuro va a ser la sociedad del conocimiento, obliga imperativamente a todos los seres humanos a no conformarse con ser como quieren o les conviene, no, no, tienen que esforzarse en transitar el camino del saber; de lo contrario, no tendrán nada que ofrecerle apetecible a la sociedad donde vivan, y lo que harán es incrementar el número de pobres en el mundo.

Conviene agregar finalmente que es clave fundamental para las personas respetar las distintas opiniones y las diferentes maneras de enfrentar la vida de los demás. Aprendemos más de las diferencias que de las igualdades.

33. Comunicación no verbal y la persona

Generalmente podemos definir la comunicación no verbal como aquella *mediante la cual se realiza una expresión o lenguaje corporal desprovisto de palabras*. En términos más concretos, la podemos definir como un conjunto de signos corporales (movimientos del cuerpo, expresiones faciales, etc.) que algunas veces son más expresivos que el propio lenguaje verbal humano.

También conviene considerar la forma en que nos vestimos, cómo nos mostramos —alegres o tristes—, cómo nos sentamos, si miramos o no a la cara del otro o de los otros, si hablamos despacio o deprisa... Todos ellos son signos que permiten a la persona que nos escucha hacerse una idea de quiénes y cómo somos. Estos gestos que se muestran cuando una persona tiene dificultad para expresar lo que quiere decir, o cuando le cuesta más hacerse comprender por su interlocutor. Cuanto más necesitamos la atención del otro, más aumenta la intensidad de la expresión corporal, y también los gestos se hacen cada vez más amplios.

En cambio, los factores asociados al lenguaje verbal son, entre otros, el tono de voz, el volumen de esta, el hablar rápido, la pronunciación, los silencios, el ritmo y la fluidez.

Interpretaciones de este comportamiento conductual

1. **Expresión facial:** refleja el estado emocional (alegría, duda, miedo, impresión desagradable, etc.); sabemos si la(s) otra(s) persona(s) comprende(n) o no por la expresión de su(s) rostro(s).

2. **La mirada:** expresa emociones. Mantener la mirada en la conversación muestra interés al interlocutor. Dejar de mirar, falta de interés. Mirada fija, como regañar.

3. **La postura:** el cuerpo por sí mismo irradia un mensaje que está determinado por la sociedad en que se vive, así como por la genética. Los movimientos corporales cambian de dirección coincidiendo con los ritmos del discurso, de forma que el cuerpo puede danzar al ritmo de las palabras.

4. **Los gestos:** reflejan emociones, enfatizan mensajes, expresan visualmente lo que se desea expresar, en cierta forma regulan la conversación.

5. **Apariencia personal:** el vestido que se lleva, el peinado...

Contribución a la comunicación verbal

1. Enfatiza al lenguaje verbal (decir adiós con la mano).

2. Indica los sentimientos que nuestro interlocutor nos produce.

3. Sustituye las palabras en ocasiones.
4. Orienta para interpretar mejor el lenguaje verbal.
5. Puede contradecir lo dicho con el lenguaje verbal (con sonrisa: lo siento, no nos queda...).
6. Normaliza la comunicación (dar paso, asentir...).

Finalmente podemos concluir que los ojos son el principal medio de expresión no verbal y que debe tenerse muy presente que es muy importante el cultivar la autoestima y tener una actitud positiva hacia las personas, porque las personas perciben la actitud que tenemos hacia ellas, y así como sentimos y pensamos de ellas, así ellas sienten y piensan de nosotros.

Estas 33 consideraciones que han sido redactadas con escrupulosidad contienen información muy valiosa en todos los sentidos del quehacer humano para todas aquellas personas que deseen crecer y cultivar diferentes conocimientos que fundamentalmente están relacionados con el cerebro y, particularmente, con algunos centros especiales de este, que comúnmente rigen la forma en que nos comportamos ante los demás cuando deseamos o tenemos que realizar actos ante ellos. En nuestra opinión, todas estas consideraciones son algunas de las más corrientes, pero significativas, que la gente utiliza en su cotidianidad durante la vida.

Estas consideraciones han sido listadas sin seguir un criterio prioritario, es decir, sin que haya existido preferencia de una consideración sobre otra. Sin embargo, en las páginas posteriores de este texto, el autor tratará de ordenarlas siguiendo un criterio ajustado y con cierta racionalidad hasta donde sea posible, que facilite y mejore su comprensión.

Quinta parte. Importancia de las consideraciones del ensayo

Generalidades

Nosotros creemos que la gran mayoría de la gente en el mundo nunca ha utilizado —por su inexistencia, en nuestra opinión— orientaciones y guías escritas que les hayan servido en su vida para aprender a conducirse con cierta racionalidad en algunos ámbitos cotidianos de los distintos estratos sociales de Venezuela y del resto de los otros países. De ahí la gran relevancia y la trascendencia que adquiere este cuerpo de consideraciones que se presenta a consideración de nuestros semejantes y de todos los estados responsables de su educación, como normas escritas orientadoras y guías del proceder conductual de las personas. Las 33 consideraciones contenidas en este ensayo, bajo el nombre de sentido común centrado en algunas conductas fundamentales de la persona, tienen el único propósito el beneficio de la gente de todos los países que integran el mundo.

El esfuerzo realizado por el autor para ofrecer este ensayo a la gente consistió en seleccionar cuidadosa y convenientemente los más comunes y corrientes componentes conductuales que suelen exhibir las personas, con el objeto de hacer posible la preparación del presente texto, cuyo propósito esencial es el de beneficiar a la gente interesada en él para aprender a desenvolverse razonablemente bien y con soltura en cualquier ámbito.

El autor comprende que realizar este esfuerzo se convirtió en un reto de vida, al pretender introducirse en el complejo mundo del comportamiento humano, lo cual podrá probablemente ser considerado por algunos autores como una osadía. Sin embargo, él está convencido de que tal esfuerzo se justificó plenamente, por cuanto constituye una contribución pedagógica muy valiosa en el campo del saber y que apunta intencionalmente al bienestar de mucha gente.

Una vez que se difunda la importancia del contenido de este ensayo, aspiración muy sentida del autor, convendría advertir sobre la posibilidad de que puedan surgir en algunas naciones voces políticas influyentes, que gobiernen o aspiren a gobernar, que pudieran pensar que esta nueva enseñanza complementaria no es muy necesaria y que consideraran que su aplicación en Venezuela y en otros países sería muy onerosa. Si se diera este caso, que sería lamentable, pero que suponemos poco probable, y se mantuviera esta creencia absurda y contraria al avance en el saber que debe prevalecer y prevalecerá en el mundo, se estaría atentando contra el progreso y el desarrollo de la gente y, por ende, de nuestras naciones.

Además, si el caso fuera dirigido a tratar de ignorar la aplicación del instrumento conductual pedagógico contenido en este ensayo, entonces se haría muy difícil que la gente pudiera disfrutar del bienestar al que tiene derecho y que le ofrece la vida. En cambio, con la aplicación consciente y bien intencionada de dicho instrumento conductual, este se traduciría en una contribución valiosa que atendería fundamental y eficazmente las necesidades de conocimiento indispensables para que la población venezolana y del resto de los países del mundo pudiera conducirse ante los demás de una manera satisfactoria en algunos ámbitos. De esta manera, tales personas tendrían la capacidad de juzgar, obrar, actuar y expresarse ante los otros con prudencia, lógica y buen juicio, así como de tomar decisiones acertadas sobre situaciones que se les puedan presentar inesperadamente, evitando así ser ignoradas o tratadas con displicencia dentro de su entorno.

Orientaciones destinadas a facilitar la aplicación del sentido común centrado en algunas conductas personales

La importancia de este ensayo es de indiscutible significación para el desenvolvimiento razonable de la gente en todos los ámbitos en que le corresponda actuar, atender o visitar así como en todos aquellos problemas que afronten durante la vida. Se considera importante que comprendan y se familiaricen con el propósito que lleva implícito cada una de las 33 consideraciones que lo integran, a fin de que puedan aprender todas sus enseñanzas, orientaciones y guías normativas.

Para alcanzar el propósito perseguido aquí, las personas deben comenzar por leer, releer y analizar, con todo detenimiento, las enseñanzas contenidas en las consideraciones enumeradas en esta obra, con el objeto de asimilarlas y de familiarizarse con el contenido de cada una de ellas. Una vez alcanzada y realmente comprendida toda esta etapa, deben proceder entonces a aplicar y practicar dichas enseñanzas en la vida cotidiana. Más aún, es necesario confrontar el manejo que damos a nuestras maneras usuales de comportarnos con los demás, con las enseñanzas correspondientes contenidas en el instrumento conductual referido anteriormente. Asimismo, debemos tener muy en cuenta todos los aprendizajes que hemos adquiridos hasta ahora, de tal manera que cualquier manifestación conductual que efectuemos, como juzgar, obrar, actuar y expresarnos ante los demás sobre algún asunto, debe estar siempre precedida por la prudencia, haciendo extensiva dicha virtud cardinal también a la toma de decisiones ante distintas situaciones que se nos puedan presentar inesperadamente.

Después de la asimilación y de la familiarización de los lectores acerca del conocimiento contenido en cada consideración estudiada y analizada, denominado **conceptual** por la universalidad de sus componentes, ellos podrán continuar profundizando y diversificando la aplicación de tal conocimiento hacia otras conductas personales que ya vayan practicando y que puedan requerir ser modificadas por considerarse necesario su ajuste para un mejor desenvolvimiento en variados ámbitos. Sin embargo, esto va a depender, en buena parte, del interés y del entusiasmo que le impriman al aprendizaje en cuestión. Alcanzar este objetivo y acompañarlo de la necesaria y continua reflexión autocrítica rectificativa de nuestros actos, modos de ser, palabras y formas de expresarnos ante los demás sobre algún asunto que se esté considerando en un momento dado, nos permitirá lograr el suficiente nivel de conocimiento para el manejo adecuado de nuestras acciones realizadas en algunos ámbitos que usualmente frecuentemos.

Todo este esfuerzo realizado diligentemente contribuirá a que los lectores conozcan mejor algunos rasgos generales de su carácter y aprovechen esta ocasión de observación para descartar aquellos de signo negativo que posiblemente no realcen su personalidad.

En virtud de lo ya expuesto en esta PARTE del trabajo sobre el sentido común centrado en lo conductual-personal, quedan claras la importancia y la justificación plena del conjunto de consideraciones discutidas a lo largo de este ensayo, que nos permitirán alcanzar un mejor desempeño en el campo del saber. Este se relaciona con algunas conductas personales fundamentales que se manifiesten de acuerdo con nuestra percepción de sensaciones por medio de nuestros sentidos, principalmente de la vista y de los oídos, acrecentando de esta forma nuestra capacidad para conducirnos mejor ante los demás en muchos ámbitos.

Sexta parte. Estado psíquico referencial que facilitaría el ejercicio del sentido común centrado en algunas conductas personales

Debido a lo significativo que resultaría para las personas poder ejercitar un comportamiento emocional adecuado en los diferentes ámbitos y circunstancias de la vida, se cree conveniente intentar conformar un estado psíquico (anímico) referencial propicio para la aplicación satisfactoria de este ensayo, mediante una deseable configuración psicológica basada en dos factores íntimamente relacionados y de gran importancia: **los pensamientos** (EFECTOS del pensar) **y las emociones** (reacciones psicofisiológicas).

Conviene advertir que los pensamientos y las emociones negativas generan energía negativa, la cual causa sufrimiento en las personas, quienes por tal razón proyectan ante los demás una sensación de incomodidad o molestia física o psíquica que generalmente se proyecta en sus caras.

Las emociones deben ser entendidas como reacciones psicofisiológicas (psico: mental, y fisiológicas: orgánicas), que generalmente provienen de nuestros sentidos (vista, audición, etcétera) y que constituyen maneras de adaptación a ciertos estímulos ambientales o de uno mismo, que son recogidos y transmitidos al cerebro.

Aun cuando existen ciertas diferencias de concepción entre los estudiosos sobre la relación de ambos términos, se ha llegado al acuerdo de que el pensamiento negativo y las emociones de igual signo tienen una estrecha relación entre sí, al extremo de que en algunas oportunidades el pensamiento puede no solo influye en ellas, sino que incluso hasta llegar a determinarlas.

Las emociones sirven para establecer nuestra posición conductual con respecto a nuestro entorno y nos impulsan hacia ciertas personas, objetos, acciones e ideas, así como también nos alejan de otros. Las emociones actúan además como depósito de influencias innatas y aprendidas y poseen ciertas características invariables y otras que muestran cierta variación entre individuos, grupos y culturas (Levenson, 1994).

Cuando ambos factores son positivos —pensamientos y emociones—, contribuirán con el entendimiento y la racionalidad necesarios para que las personas puedan juzgar, obrar, actuar y expresarse ante los demás sobre algún asunto con prudencia, lógica y buen juicio, así como con capacidad para resolver o decidir con acierto acerca de situaciones que se les puedan presentar inesperadamente.

Para alcanzar este fin, estas personas deben ser conscientes de lo importante que es ahuyentar los pensamientos de signo negativo de nuestra conciencia y deben esforzarse por atraer solo aquellos que sean positivos, es decir, que proporcionen bienestar, seguridad y confianza. La misma inducción se debe hacer al propiciar la evocación de emociones de igual signo con el mismo fin, tales como el amor, la alegría, la confianza y la amistad.

Este estado de ánimo excepcional que acompaña a las personas en la vida se traduciría en mayor capacidad de discernimiento, comprensión, energía y valor, permitiéndoles estar en capacidad de emprender y alcanzar con éxito cualquier objetivo que se propongan, como podría ser conocer detenidamente el contenido de cada una de las consideraciones que integran este ensayo y transformarlo en una forma de vida.

Por las razones expuestas, ellas deberían esforzarse por tratar de mantener en sus mentes y durante su quehacer diario, en lo posible, un estado psíquico que les sea razonablemente grato y que propenda a lo que debería ser natural en ellas.

En cambio, mantener un estado de ánimo frecuentemente caracterizado por su tendencia negativa, es decir, donde prevalezcan el temor (algunas veces irracional), la ansiedad, la depresión, el pesimismo u otras emociones de igual signo es contrario a lo que debería ser usual en ellas y no contribuiría en nada al logro del objetivo que aquí nos proponemos alcanzar.

Séptima parte.
Compilación de las consideraciones

De aquí en adelante se tratará de correlacionar y redactar en un solo texto la parte medular de cada una de las 33 consideraciones que integran esta obra, con el objeto de construir una compilación coherente, bien articulada y relativamente jerarquizada en su estructura, que facilite como un todo su mejor discernimiento y su comprensión por todas las personas que muestren interés en compenetrarse con ellas y con su aplicación, como manera de afrontar la vida de una manera racional, en la que prevalezcan siempre la prudencia, la lógica, la sensatez y el acierto en todos sus órdenes.

Conscientes como estamos del fin que persigue este ensayo, como es el de que el lector se interese entusiastamente por el sentido común centrado en algunas conductas personales fundamentales, se ha decidido reiterar que es **MORAL** el adjetivo que preside el contenido de todas las "consideraciones" que componen la indicada obra, y que se privilegia siempre e intencionalmente el bien común ante cualquier realidad o circunstancia que se nos pueda presentar en un momento determinado.

También es conveniente aclarar que la **INTUICIÓN** no se ha incluido en el desarrollo del todo coherente anteriormente aludido, por cuanto ella produce, cada vez que se presenta, una verdad mayormente irreflexiva. Similar consideración se ha hecho con respecto a la **INTELIGENCIA** en cuanto a su no inclusión en el desarrollo de las partes medulares de este esfuerzo, debido a que su procedencia no parece tener un origen claro (con pruebas concluyentes), aun cuando se presume que podría provenir de una inclinación genética que se desarrollaría mediante la presencia de estímulos de diferente naturaleza.

Conviene advertir que de ahora en adelante se da por conocido el contenido de cada una de las consideraciones que integran el sentido común centrado en algunas conductas fundamentales de la persona y solo se hará referencia al título de la consideración correspondiente o a su contenido.

A esta altura del texto, podemos preguntarnos lo siguiente: **¿puede existir algún orden conductual apropiado que permita concatenar adecuadamente las consideraciones que integran este ensayo didáctico, de tal forma que ellas guarden una cierta relación de prioridad?** Creemos que sí, como el que se ofrece de aquí en adelante, salvo mejor criterio.

El cuerpo compilatorio de la parte esencial de cada consideración de este texto que formaremos a continuación permitirá a las personas interesadas comprender la importancia que tiene y lo beneficioso que constituye acogerlo con verdadero interés y entusiasmo; de tal forma que el sentido común centrado en algunas conductas personales se convierta en una forma de vida provechosa y eficaz que les permita poder conducirse en la vida de una manera prudente, lógica, sensata, grata y exitosa.

Ahora se procederá a ordenar las partes medulares de cada una de las consideraciones citadas y listadas anteriormente, pero de una manera conveniente y adecuada al fin último que se persigue en el trabajo, mediante una redacción legible, comprensible, discernible, fluida, que el autor ahora ordena y combina teniendo muy en cuenta el ingrediente conductual que debe acompañar o imbuir a esta presentación.

Del sentido común centrado en algunas conductas de la persona

A manera introductoria, debemos afirmar que es indispensable que el lector revele una manifiesta disposición de aliento comprensivo y avidez por compenetrarse con el conocimiento conceptual que se desprende de las diferentes consideraciones normativas que integran esta obra, las cuales le permitirán vivir con alegría, con confianza en sí mismo y con estimación bien ganada de parte de los familiares, los amigos, los conocidos y los demás. Poner en práctica este compromiso que se contrae íntimamente con nosotros mismos, de forma indeclinable, nos obliga a observarlo y a aprender las enseñanzas contenidas en las referidas consideraciones, a fin de poder aplicarlas beneficiosamente en la vida cotidiana.

Por lo tanto, la manera de desenvolvernos razonablemente bien en cualquier ámbito al cual nos corresponda asistir, así como solucionar dificultades personales que se nos puedan presentar en cualquier momento inesperado en la vida, solo podrá hacerse posible mediante la aplicación sistemática del ensayo que contiene el sentido común centrado en algunas conductas fundamentales personales de una manera racional, orientadora y teniendo siempre en cuenta la prudencia, la lógica y el buen juicio.

I) Para lograr o acercarnos suficientemente al objetivo perseguido y señalado en el contenido de este texto, debemos empezar por reconocer y por aceptar, con sincera humildad y conciencia, nuestros errores y las limitaciones en que venimos incurriendo usualmente cuando nos desenvolvemos en algunos ámbitos. Por lo tanto, a partir de este acto propio de reconocimiento y aceptación íntima de nuestros errores, deberá nacer en nosotros una abierta inclinación a rechazar todo comportamiento que consideremos contrario al compromiso asumido por nosotros mismos y que pueda afectar nuestra conducta y formas de ser. Así, comenzaremos a crecer en conocimiento y a potenciar nuestra capacidad de autocorrección mental como personas conscientes, racionales y sensatas. Para lograr cumplir con esta obligación aceptada y contraída por nosotros mismos, con plena conciencia y convencimiento de su conveniencia, debemos empezar por dar pasos concretos y atinados en la vida, a fin de realizar un hecho cierto en nuestro propósito de enmienda. Debemos tener presente que la humildad y la conciencia bien entendida constituyen la forma más eficaz y conveniente para que un ser humano comprensivo y no altivo ni orgulloso pueda iniciar la corrección de sus errores.

Tal meta se podrá mantener por medio de la vía de la autorreflexión crítica rectificativa de nuestros actos, maneras de juzgar, obrar, actuar y expresarnos ante los demás sobre algún tema con prudencia y sensatez, como expresión del compromiso contraído al empeñarnos en corregir gradualmente algunos de nuestros defectos.

Sin embargo, aun cuando tengamos la capacidad de reconocer nuestros errores sobre la base de dichos factores y luego se comience con entereza a tratar de corregirlos en nuestra conducta y modos de ser, en nuestra mente persistirán tendencias que nos inducirán a incurrir nuevamente en ellos. Para evitar tales tendencias negativas que nos acechan, es muy importante que activemos complementariamente nuestra fuerza de voluntad de la manera que explicamos antes en la consideración correspondiente, es decir, por medio de una real concientización y de la convicción de su conveniencia. Cabe advertir que la indicada fuerza de voluntad, importantísima para lograr cualquier fin que persigamos, es un mecanismo mental indispensable que hace posible lograr el fin último de este ensayo, como es el de poder aplicar el sentido común centrado solo en algunas conductas fundamentales de la persona.

La activación de esta fuerza necesariamente se traducirá en una fuente autodisciplinante que incidirá de manera positiva en todos los órdenes de nuestro quehacer humano. Con su concurso y con su aplicación sistemática se reducirán gradualmente esas tendencias negativas que nos inducen a cometer actos incorrectos que nos harían incumplir nuestro propio compromiso de corrección conductual.

El indicado y deseado desarrollo toma su tiempo, que es característico de todo proceso, particularmente cuando se trata de uno de naturaleza mental. Va a depender generalmente de cuándo se activen los propios mecanismos cerebrales, que son los que procesan la información percibida proveniente de los sentidos o de otra fuente. Por tal razón, el desarrollo referido no es fácil de lograr, pero tampoco es difícil de alcanzar en un tiempo razonable si se aplica una perseverancia sistemática. Se asemeja a la fuerza de voluntad que debe desarrollar un escultor para adquirir conocimiento mental y destreza en sus manos, a fin de poder esculpir una muestra de arte mediante el uso de la perseverancia. Él lo logra, luego, cualquier persona que se proponga alcanzarlo también.

Mientras se avanza en la aplicación del nivel de la autodisciplina derivada de la fuerza de voluntad, es aconsejable reiterar que casi siempre nos van a continuar acechando las tentaciones anteriormente aludidas para que volvamos a incurrir en los mismos u otros tipos de errores.

II) En vista de que estamos viviendo en un mundo donde continuamente se vienen degradando los valores morales y éticos que rigen nuestro comportamiento y modos de ser en las sociedades en que vivimos, lo que incide negativamente en el bienestar económico y social de los países —ya que cada uno de nosotros es una célula social—, nos conviene advertir y recordar que la moral y la ética son expresiones que se refieren al tipo de actitudes y de comportamientos que hacen de nosotros mejores personas, más humanas. Si bien la moral se refiere a los comportamientos que nos conducen hacia lo bueno y deseable, la ética es la ciencia filosófica que reflexiona sobre lo conveniente o inconveniente de dichos comportamientos. Por lo tanto, una cosa y la otra nos recomiendan vivir de acuerdo con una escala satisfactoria de valores humanos.

Ahora bien, sabemos que el mundo de los valores es amplio, complejo, y está en permanente transformación. En cada época aparecen nuevos valores, o los viejos valores cambian de nombre. Todos somos libres de escoger nuestros valores y de darles el orden y la importancia que consideramos correcto, todo de acuerdo con nuestra manera de ser y de pensar. Sin embargo, hay valores que no cambian, que se conservan de generación en generación, siempre y en todas partes. Entre estos valores, considerados universales para los seres humanos, se mencionan el derecho a la vida, el derecho a la salud, el respeto a la propiedad privada, la observancia de las leyes que nos rigen, etcétera, que exigiríamos a cualquier persona. De los valores depende que llevemos una vida grata, alegre, en armonía con nosotros mismos y con los demás, una vida que valga la pena ser vivida y en la que podamos desarrollarnos plenamente como personas; así como hay una escala de valores morales, también la hay de valores inmorales o antivalores, como la injusticia, la deshonestidad, la intransigencia, la intolerancia, la traición, la irresponsabilidad, la indiferencia, el egoísmo, los cuales son algunos ejemplos de estos antivalores que guían la conducta de las personas inmorales.

III) También debe tenerse presente la importancia que tiene el control adecuado de las diferentes emociones que usualmente nos acompañan, aun cuando también se incluyan en algunos casos los excesos de las emociones positivas, ya que todo en exceso es malo. Las emociones de signo positivo son el amor, la amistad, la confianza, etc., mientras que las signadas por la negatividad están constituidas por el miedo, la ansiedad, la depresión y el pesimismo, entre otras.

En la medida que dicho control emocional se vaya logrando gradual y razonablemente, se incrementará la posibilidad de que surjamos como personas racionales, sensatas y con mayor potencial para desarrollar habilidades deseables y lograr buena aceptación en los campos donde nos desenvolvamos.

No obstante, hay que poner particular cuidado en aquellas emociones que son de signo negativo, por cuanto suelen incidir desfavorablemente en nuestra conducta y modos de ser que más nos convenga mostrar ante los demás y ante cualquier eventualidad que se nos pueda presentar, afectando también nuestro funcionamiento psicológico y orgánico. Cabe advertir que este estado de cosas, signado por lo negativo, perturba que juzguemos, obremos, actuemos y nos expresemos ante los demás sobre algún asunto con la debida prudencia, lógica y buen juicio y que afrontemos con tino ciertas situaciones que se nos puedan presentar inesperadamente.

Por otra parte, conviene tener presente en esta ocasión que los pensamientos negativos y las emociones de igual signo están íntimamente relacionados, a tal grado que dichos pensamientos no solo influyen decididamente en ellas, si no que hasta las determinan en algunas ocasiones.

Por tal razón, es muy importante ser consciente de esta realidad, a fin de que usemos toda nuestra fuerza de voluntad disciplinante para ahuyentar de nuestra mente la evocación de pensamientos negativos que nos puedan acechar, pues estos inciden perjudicialmente en nuestro normal funcionamiento psicosomático y, por lo tanto, en nuestra capacidad de discernimiento, entendimiento y comprensión de las cosas.

En vista de ello, hay que tratar siempre de evocar y de convertir en un hábito el esfuerzo por atraer constantemente a nuestra mente pensamientos positivos, los cuales se alimentan de la esperanza y el optimismo.

IV) Aquí se trata específicamente del miedo, por la gran importancia que él tiene en nuestro desenvolvimiento cotidiano. Esa significación se debe a que tal emoción negativa, primaria y que causa aflicción, excitada por la proximidad de un peligro, real o imaginario, está siempre acompañada por un deseo de evitarlo y de escapar de su amenaza. Es un instinto común en todos los seres humanos, del que nadie está completamente libre. Nuestras actitudes ante la vida están condicionadas, en gran medida, por esos temores que brotan de nuestro interior, en grados tan diversos que van desde la simple timidez hasta el pánico desatado, pasando por la alarma y el terror.

En todas nuestras motivaciones subyace algún tipo de temor que frena y condiciona nuestros actos. Este hecho ha sido largamente conocido y aprovechado, a lo largo de los tiempos, por algunas personas para ejercer el dominio sobre otras. Los seres humanos hemos tolerado el miedo durante miles de años como una forma esencial de ejercer la autoridad. Y nosotros toleramos el miedo, en muchos casos, por haber sido aplicado por nuestros padres como medio útil para la crianza.

Algunos de estos temores los denominamos fobias. Quienes los padecen no se ven amenazados por ninguna causa objetiva ni próxima y, sin embargo, son incapaces de liberarse de sus sentimientos negativos. Algunos temen a la oscuridad, a las tormentas, a la soledad, otros a las grandes muchedumbres, y otros sufren cuando se encuentran en espacios cerrados, como túneles, ascensores, etc. Se puede afirmar que el miedo es el principio de casi todos los males que podemos padecer durante la vida. Cuando el miedo es frecuente, podemos perder la confianza en nosotros mismos y en nuestra propia capacidad de alcanzar alguna meta que nos propongamos, pues nos sentimos incompetentes y cerca del fracaso. Además, los temores imaginarios causan enfermedades, consumen la energía del cuerpo y producen desasosiego y pérdida de vitalidad.

El miedo toma diferentes formas: miedo a no ser recompensados, miedo a fracasar, miedo a la propia debilidad, miedo del sentimiento que genera en nosotros tener que llegar a cierto punto y no ser capaces de lograrlo, miedo a la oscuridad, miedo a la propia esposa o al marido, miedo a la sociedad, miedo de morir, etcétera.

Es muy normal creer que un cierto grado de temor nos ayuda a progresar y que es un estímulo para el cumplimiento de nuestro deber. Pero esto no es cierto, el temor no es bueno ni saludable. No es lo más adecuado justificar el miedo, pues este únicamente nos coacciona. Desde el miedo no puede surgir ni el conocimiento ni la sabiduría. El miedo nos aparta de la realidad y nos hace entrar en un mundo subjetivo, paralizante y desbordante. El problema de la humanidad reside en que los seres humanos tememos. Tenemos miedo porque nos aferramos a cosas y a personas que, por sí mismas, no se pueden "poseer". Temamos por nuestro buen nombre y posición, nuestra familia y nuestras posesiones. A medida que adquirimos bienes, fama y poder, adquirimos también el temor a perderlos.

V) Asimismo, debemos esforzarnos por aceptar —desde un punto de vista objetivo— las dificultades que usualmente se nos presenten al sobreestimarlas (sobrevalorarlas) o subestimarlas (subvalorarlas); conviene más bien tratar de mantener tales dificultades dentro de una perspectiva equilibrada, teniendo siempre presente el efecto subjetivo de cada uno de nosotros sobre lo observado. De esta forma, nosotros evadimos sobreestimar asuntos intrascendentes o subestimar aquellos que son realmente importantes. Insistiendo sobre el particular, agregaremos lo inconveniente y desagradable que debe resultar para las personas que tengan una inclinación mental de magnificar en exceso el verdadero valor de los problemas que se les puedan presentar corrientemente.

Por ese motivo conviene llamar la atención a las personas que tengan esta inclinación, sobre la importancia particular que se le debe conceder o atribuir a todo lo discutido en esta consideración acerca de la sobreestimación o sobrevaloración de dichos problemas, por constituir esta exageración de la valoración de los hechos la actitud más frecuente. Por lo tanto, se aconseja observar con mucha atención e interés lo que sugerimos aquí sobre cómo conducirnos ante este caso específicamente, porque la sobreestimación es la que ocasiona en la mayoría de las personas los grandes problemas que las aquejan, al inducirlas a enfocar los asuntos que se les presentan en su cotidianidad en un marco siempre distorsionado respecto de la realidad objetiva.

VI) Al mismo tiempo se debe poner particular esmero en la experiencia personal que se haya adquirido o se vaya adquiriendo por medio del ejercicio entusiasta y eficaz de una o más actividades en cualquier campo del trabajo, pues ella servirá, entre otros asuntos, como medio de sustento familiar. Es importante aprovechar siempre el desempeño de dichas actividades, generadoras de experiencia fructífera, con el objeto de cultivarla y enriquecerla continuamente a lo largo del tiempo, ya que dicha experiencia va a constituir buena parte del conocimiento del que dispondremos en la vida.

En la medida en que se profundice nuestra preparación empírica sobre dichas actividades y la empleemos más eficientemente en el campo laboral, ayudará a estimular el desarrollo de nuestras aptitudes y facultades, y nos sentiremos mejor capacitados para desenvolvernos con mayor naturalidad y soltura ante situaciones que se nos puedan presentar en cualquier momento determinado, permitiéndonos descartar todas aquellas proposiciones o asuntos que nos puedan proponer o presentar algunas personas y que no tengan una explicación clara y convincente desde el punto de vista racional.

VII) Conviene recordar que la aplicación eficaz del muro de contención expresivo —al que se recurre para evitar o reducir la locuacidad injustificada que experimentan muchas personas en algunos coloquios de cualquier naturaleza—, se obtiene por medio de la activación de la fuerza de voluntad, que las hará más comedidas al juzgar, obrar, actuar y expresarse ante los demás sobre algún asunto, evitando o reduciendo, en buena parte, el que hablen mucho, lo que generalmente afecta su imagen de moderación y de seriedad.

En virtud de lo expuesto en la consideración correspondiente sobre este particular, el lector debe admitir, como norma indiscutible y conveniente, el hecho de aceptar como norma por cumplir el de que el hablar más de la cuenta en cualquier lugar, coloquio o auditorio ante el cual se encuentre, le puede traer contratiempos inconvenientes de cualquier naturaleza en todo aquello que se proponga o persiga lograr en la vida. Además, tal forma de conducirse en cualquier ámbito que usualmente frecuente puede inducirle a incurrir en errores que pueden empañar su imagen de persona responsable.

VIII) Todas las personas deben mantener y preservar un proceder correcto en cuanto se refiere a las relaciones humanas, el cual debe estar siempre acompañado de una aplicación consciente y oportuna de la prudencia, como cualidad que aconseja actuar siempre con precaución para evitar o reducir posibles inconvenientes. Esto solo se logra mediante una acción en que prevalezca el ejercicio del comedimiento. Su aplicación es esencial en el manejo de situaciones o problemas delicados de cualquier índole.

Una persona es considerada prudente cuando en su trabajo y en las relaciones con los demás se informa bien acerca de los criterios rectos y razonables que intenta usar, de lo que hay que hacer y ponderar antes de tomar una decisión, así como de las consecuencias favorables y desfavorables para él o para ella y para los demás, y cuando luego actúa o deja de actuar, de acuerdo con lo decidido.

IX) Esta aspiración personal de desarrollar el potencial adquirible de conocimiento humano debe estar siempre presente a lo largo de la vida de todas las personas que deseen distinguirse ante sus posibles competidoras. Esto podrá ocurrir en cualquier ámbito técnico, ya sea profesional o científico, en que les toque desempeñarse, lo que les permitirá llevar una vida de bien ganado aprecio y consideración ante sus jefes, conocidos y allegados. La vida de estas personas con renombre no debe entenderse como un vivir que solo proporcione más comodidades materiales, sino también como un medio de sentir satisfacción personal que contribuya a enaltecerlas.

Visto de otra manera, lo que el individuo realmente persigue y debe tratar de alcanzar por medio de la superación personal es un estado de satisfacción consigo mismo, por el progreso logrado acerca del conocimiento significativo adquirido, así como por las circunstancias beneficiosas que de él se derivan en todos los órdenes del saber humano.

Todas las habilidades desarrolladas y los conocimientos humanos adquiridos por las personas constituyen un activo muy valioso e imprescindible, por lo cual deben ir incrementándolo, cultivándolo y preservándolo a lo largo del tiempo. Para lograr tal fin, dichas personas deben dedicarse a estudiar materias centrales o importantes afines, de manera diligente en el transcurrir de su vida, particularmente aquellos que aspiren a ingresar al mercado laboral y sobresalir entre sus posibles competidores dentro de cualquier organización donde presten sus servicios.

X) La forma de prever o evitar malos entendidos o interpretaciones erróneas cuando nos toque expresarnos ante otro u otros sobre algún asunto en particular con un determinado fin o cuando lo hagamos para tratar de obtener algo de uno o varios de ellos por necesidad solo se podrá lograr exitosamente en la medida que nos concienticemos y convenzamos de la gran importancia que tiene en el mundo de las personas el medir cuidadosamente el alcance expresivo e interpretativo de lo que queramos o necesitemos transmitir a los demás de manera positiva, especialmente cuando lo que persigamos o deseemos sea el obtener algo de naturaleza delicada o ambiciosa de alguien o de alguna institución. Esta es la única manera de evitar la posible carga negativa que pueda contener, llevar o atribuírsele a algún mensaje ulterior o subliminal que dirijamos a familiares, amigos, compañeros de trabajo, socialmente, en negociaciones o a cualquier ente de la naturaleza que sea.

En pocas palabras, debemos tratar de imaginar que estamos pensando con la cabeza del otro u otros.

XI) La autoestima es la valoración, la opinión y el sentimiento que cada uno tiene acerca de sí mismo y de los propios actos, los propios valores y las propias conductas. Cuando la autoestima es alta, nos sentimos llenos de energía y entusiasmo, capaces de todo, seguros de nuestro propio valer y de nuestra importancia. Cuando la autoestima es baja, estamos cansados, nada nos entusiasma, nos sentimos inseguros de lo que somos capaces de hacer, sentimos que valemos poco. Es normal que a veces nos sintamos bien y a veces mal con respecto a nosotros mismos. Pero existen personas que siempre parecen tener una sola clase de autoestima: alta o baja. Una persona con autoestima baja piensa que es insignificante. Se pasa la vida esperando que le ocurran las peores catástrofes, hasta que le ocurren. Vive con el temor de ser pisoteada, menospreciada, abandonada, engañada. Vive sus días aislada del mundo. La soledad parece perseguirla. Tiene enormes dificultades para comunicarse. Una persona con autoestima alta piensa que su vida hace una diferencia importante en el mundo y en las personas que le rodean. Tiene confianza en sus capacidades. Se caracteriza por su honestidad, el amor hacia sí misma y hacia los demás y se expresa con libertad. Demuestra integridad entre sus valores y sus acciones, entre lo que siente y lo que dice, entre su comunicación verbal y no verbal. Conviene advertir que las personas con autoestima baja buscan, a veces, sin ser muy conscientes de ello, la aprobación y el reconocimiento de los demás, y suelen tener dificultad para ser o sentirse ellas mismas, por consiguiente, tratan de expresar con libertad todo aquello que piensan y sienten durante sus relaciones interpersonales. En ocasiones las personas que esconden en su interior sentimientos de **baja autoestima** suelen ocultárselos a sí mismas mediante diferentes mecanismos internos de defensa (negación, fantasía, etcétera), incluso crean a su alrededor una coraza defensiva para que las proteja de la amenaza de posibles rechazos sociales, críticas personales u opiniones que cuestionen sus creencias.

XII) En el contexto de este ensayo, debe considerarse la importancia que tienen las relaciones entre los seres humanos ya que juegan un papel fundamental en el bienestar mental y social de dichos seres en los círculos familiares, amistosos, y laborales, entre otros. Esta realidad señalada, influida y estimulada por la tendencia gregaria que siempre nos acompaña constituye una necesidad imprescindible de convivencia armoniosa entre los humanos, que justifica plenamente el saber conducir estas relaciones de la manera más convenientemente posible para inducir a su mantenimiento, cultivo y preservación en el tiempo. Por tal razón, su ejercicio debe practicarse regularmente, teniendo siempre presente lo complejo que es el campo del comportamiento humano. Para resolver una pequeña parte muy importante de este complejo mundo, entraremos a exponer la parte fundamental de la consideración que el autor denomina "Correspondencia personal y proporcional". Puede decirse que su aplicación comienza generalmente al entablarse una relación interpersonal entre dos o más personas de cualquier clase social.

En el caso de una relación entre dos personas —sin tener en cuenta el sexo—, esta debe tratar de manejarse de tal forma que no muestre gran simpatía al otro u a la otra, más de la que se perciba realmente. Para tratar y cuidar de mantener esa relación desde un principio, si es que ambas partes parecen armonizar o interesarse mutuamente, es indispensable reiterar lo importante que es observar el no manifestar a la otra parte más interés del que ella muestra. Si no se mantiene esa proporcionalidad recomendada en el dar y recibir iguales o similares deferencias, la parte que más recibe atenciones probablemente podría llegar a pensar que ella o él se las merecen. Además, una de ellas podría comenzar a recibir sensaciones desalentadoras de la otra por medio de sus sentidos por no haberse producido entre ellos empatía alguna. Eso daría pie a que naciera en una de las partes una manifestación gradual de rechazo por la otra. Este comportamiento puede aparecer cuando en dicha relación de diferente o igual sexo no nazca simpatía o sentimientos de afecto mutuamente de una de ellas por la otra; y en estos casos, la parte que estaba esperanzada en poder lograr algo agradable no sería correspondida por la otra. Sin embargo, esta parte puede no conformarse con el proceso de rechazo de la otra e insistir en congraciarse con la que le inspiró dichos sentimientos. En esta oportunidad puede ocurrir que la insistencia logre el fin que persigue o no, dependiendo del tipo de personalidad que posea la parte deseada y de la actitud que tenga ante la vida. En caso de que la parte que insiste no obtenga el éxito que persigue, lo aconsejable es que proceda a retirarse de esa relación con discreción, evitando así ser lastimado o lastimada en su autoestima. Para evitar la ocurrencia de casos como este último en las relaciones humanas, es inestimable saber manejar inteligentemente **el dar y el recibir**, como se aconseja aquí sobre este particular.

Además, tenemos que ser conscientes de lo normal que debe considerarse que estos tipos de comportamientos se manifiesten entre seres humanos.

Una lección provechosa que puede extraerse del manejo prudente y racional del **dar y recibir** deferencias es tratar de crecer intelectualmente, así como en la capacidad comprensiva de situaciones, que permita anticipar resultados relacionales negativos que se puedan presentar en el futuro a dos o más personas.

Por lo tanto, es conveniente y recomendable resaltar la importancia que tiene que las personas solteras o no pongan especial interés en desarrollar una capacidad aguda de observación y de percepción de sus sentidos sobre algunas peculiaridades que puedan caracterizar a los (as) que los (as) rodean o con los (as) cuales se relacionan, con el objeto de darles un tratamiento social como corresponde en cuanto a relaciones humanas se refiere.

XIII) Ahora que nos proponemos tocar brevemente el tema del alcance y de la gran significación que tiene el conocimiento —insumo del saber— para el desarrollo y el desenvolvimiento conveniente del ser humano en los países que integran el planeta, conviene sostener que ese conocimiento únicamente se almacena o reside en la mente del hombre por medio de sus ideas o sus facultades intelectuales, por lo cual no es posible observarlo, únicamente se conoce por sus efectos.

Por lo tanto, el conocimiento humano tiene su origen en la capacidad potencial desarrollable que tiene la mente del ser humano de percibir o captar imágenes u objetos de cualquier naturaleza dentro de un contexto determinado. Después se alcanza su **entendimiento**, y finalmente se concluye con la **razón, la cual explica** que dicho conocimiento es una relación entre un **sujeto que conoce** y un **objeto conocido**. La interacción de ellos constituye un proceso que da origen al conocimiento, involucrando en ese proceso (acción de avanzar) cuatro elementos: el **sujeto**, el **objeto**, la **operación** y finalmente el procesamiento mental **de ellos.**

Como en este texto nos interesa muy particularmente destacar el conocimiento conceptual, por ser el que fundamentalmente explica el contenido de este ensayo, señalamos los tres diferentes niveles de conocimiento que existen, a saber: sensible, conceptual y holístico. Este último, también denominado intuitivo, considera importante la epistemología, por cuanto ella estudia el conocimiento humano y el modo en que el individuo actúa para desarrollar sus estructuras de pensamiento.

En primer lugar, el conocimiento sensible, el cual es privativo y propio de una persona determinada (mi padre), se adquiere por la captación de un objeto por medio de los sentidos de dicha persona, particularmente de la audición y de la vista. Así, somos capaces de almacenar en nuestra memoria las imágenes con color, figura y dimensiones de todos los objetos que observamos a diario, con sus características particulares.

En segundo lugar, el conocimiento conceptual, el cual se forma a partir de un "conjunto de representaciones invisibles, inmateriales, universales y esenciales". La diferencia más significativa entre el conocimiento sensible y el conceptual radica en que el primero es un conocimiento particular de cada persona (como mi padre), en que se definen los conceptos y los objetos con sus características propias, mientras que el conceptual hace referencia a la universalidad de los conceptos (al padre en general) y de los objetos.

En el tercer lugar, el conocimiento holístico —integral o del todo—, también conocido como intuitivo, se refiere a la captación de los conceptos que tienen un contexto en particular, como uno de los elementos que componen una totalidad, sin poseer una limitación o estructura clara, mientras que el conceptual se caracteriza por poseer ciertas estructuras que le brindan universalidad. Un ejemplo de este conocimiento holístico es el conocimiento científico, pues este concepto se relaciona con el de la ciencia, ya que posee elementos inherentes a ella, como su contenido, su campo y su método, que la distinguen de otros tipos de conocimiento, además del hecho de presentarse como una manifestación cualificada (precisa las cualidades de alguien o de algo).

XIV) Además de las dificultades que afrontamos en ciertas ocasiones en algunos ámbitos donde necesitamos desenvolvernos razonablemente y con soltura, en buena parte, por el grado inadecuado de desarrollo de nuestra autoestima así como también por posibles deficiencias de conocimiento y de cultura, se suma otra manifestación limitante que comúnmente obstaculiza nuestro obrar con soltura y naturalidad: la timidez. Ella tiene un origen psicológico y se caracteriza por constreñir nuestro desempeño normal ante un auditorio público o privado, al cohibirnos e impedir que nos expresemos con naturalidad ante los demás. Cabe advertir que la indicada timidez tiene su origen fundamental en el miedo, el cual se estima proviene de una mezcla de inseguridad, temor, impotencia y desconfianza en función de ciertas circunstancias. Abundando sobre dicha timidez, se puede afirmar que ella usualmente se traduce en inseguridad e inhibición —entre otros factores— personales. Particularmente grave es en comentaristas radiales, empresarios exitosos, conductores de programas televisivos, políticos que ejercen esta actividad y otros personajes importantes del acontecer nacional e internacional, ya que constituye ciertamente una preocupación limitante para tales personas. Esa timidez reduce y afecta el desempeño de muchas personas en variadas actividades que necesitan realizar, así como en el desarrollo personal de ellas. Además, esta timidez crea también introversión —encerrarse en uno mismo— e incertidumbre social en cualquier conversación que las personas sostengan, incluso se manifiesta como un deseo de retirarse del coloquio en que se encuentran. Además, las personas que actúan con timidez tienen la tendencia mental a desarrollar algunos mecanismos de defensa que las protegen de los encuentros y de las interacciones con los demás, que ellas creen serán tensos. Esto también es atribuible a poseer una baja autoestima.

XV) Debe tenerse muy en cuenta —como un imperativo— el uso de palabras o vocablos adecuados con las acepciones convenientes que correspondan en las reuniones que sostengamos, a fin de evitar el posible efecto indeseado que puedan producir algunas de ellas al ser expresadas ante una o varias personas con las que nos estemos relacionando en un momento dado. Para lograr tal fin, y en casos como este, que son muy comunes en la vida diaria de muchos de nosotros, debemos tener el cuidado de practicar la moderación en nuestro comportamiento conductual, así como en el nivel del tono de voz y en el modo particular de expresar dichas palabras, evadiendo o reduciendo de esta manera posibles resultados contraproducentes o contrarios a lo que deseamos o esperamos trasmitir a alguien o a algunos sujetos receptores.

Por lo tanto, esta recomendación tiene una significación de muchísimo valor en el éxito que podamos alcanzar cuando nos desenvolvamos en todos aquellos ámbitos en que nos corresponda actuar durante la vida, porque cumplir con esa observación indicada conlleva necesariamente a la necesidad de desarrollar la capacidad de analizar mental y previamente el significado de cada palabra o expresión que vayamos a pronunciar, previniendo de esta manera interpretaciones erróneas por parte de las personas receptoras.

De ahí la importancia que tiene la expresión del **"saber pensar"**, el cual es un proceso mental racional, subjetivo e interno de cada persona de conocer, comprender, razonar y juzgar los objetivos y los hechos correspondientes; todos los cuales configuran lo que comúnmente llamamos "PENSAMIENTO" y que realmente es el "EFECTO" del verbo "pensar". Para ahondar en este tema que consideramos de suma importancia en nuestro desenvolvimiento habitual, debemos ratificar la conveniencia de exaltar el valor que se le debe conceder a la reacción del sujeto o sujetos receptores ante el mensaje ulterior (subliminal) proveniente de otro u otros sujetos emisores, pues lograr desarrollar esa capacidad previsiva durante el pensar es indispensable para trasmitir las palabras o vocablos con significados atinados o apropiados para ciertas circunstancias, los cuales no deben dar lugar ni prestarse a interpretaciones indeseadas.

XVI) En las sociedades se hace difícil aceptar al otro tal cual es, sin criticarlo. Esta manera de juzgar a personas y cosas generalmente la aprendemos a lo largo de la vida siguiendo el ejemplo, fundamentalmente, de nuestros padres en el hogar y de la familia, durante la instrucción escolar o en los ámbitos en los cuales usualmente nos desenvolvamos. Pero una vez que desarrollemos nuestras facultades y aptitudes naturales y crezcamos en conocimiento, seremos más conscientes y proclives a recapacitar.

En vista de ello, es conveniente que analicemos algunos motivos que pueden dar origen a que valoremos a los otros de una manera indeseable e innecesaria. El ser humano no debería juzgar a otras personas por lo que hacen, por si lloran, ríen o hacen el mal a otras personas sin querer, sino que debe observar detenidamente lo que hacen tales personas e intentar averiguar qué tienen de bueno o malo sin juzgarlas; así podrán obtener una información que sustente la argumentación de cómo son ellas y, finalmente, tomar la decisión que más se aproxime a lo correcto o no.

Por ello es conveniente aplicar previamente, siempre, la reflexión y el pensamiento crítico por parte de cada persona, ya que dichas acciones permitirán crear las condiciones y el diseño de la estrategia para que dicha persona utilice y potencie sus habilidades de razonamiento, especialmente de aquellas como observar (mirar con atención y cautela), analizar, cuestionar, argumentar, explicar, demostrar y evaluar.

Una vez que la persona haya seleccionado uno de los verbos señalados, considerado como básico para dirigir la acción de juzgar que ella se propone ejecutar sobre alguien o algo, dicha persona debe proceder a reunir los elementos fundamentales que hagan posible desarrollar la capacidad mental necesaria para realizar un juicio imparcial que refleje el caso que ha sido seleccionado, tratando, en todo momento, de no dejarse llevar por alguna opinión negativa que tienda a formarse espontáneamente y de antemano sobre alguna persona o cosa. Para lograr tal fin, debe procurarse evadir el subjetivismo —relativo a nuestro propio modo de ver las cosas— y tratar siempre de aplicar preferencialmente el realismo y la objetividad.

XVII) En cuanto a saber expresarnos ante un auditorio, ejercitando el poder de la palabra, conviene siempre tener presente que es muy importante estar seguro de tener la mente lúcida y bien organizada para tratar sobre la materia que será objeto de consideración, así como sentirnos con suficiente autoestima y disposición de ánimo para hablar con propiedad acerca de las cualidades y de las peculiaridades que puedan acompañar a dicha materia. Para lograr lo perseguido al expresarnos sobre ella, es indispensable haber previsto su lectura y el análisis detenido del conocimiento que tengamos al respecto, a fin de que lo que transmitamos se comunique debidamente jerarquizado y priorizado en un orden lógico, coherente y fácilmente comprensible.

Cabe agregar que para saber expresarnos razonablemente bien ante un auditorio, como en reuniones celebradas en cualquier ámbito ante interlocutores, es igualmente muy necesario aplicar bien el **saber pensar**. Esta expresión anteriormente definida podríamos ahora sintetizarla como el procesamiento de información cognitiva (relacionada con el conocimiento) percibida por medio de los sentidos (vista, oídos, etc.), y por medio de los mecanismos cerebrales a los que les corresponda activarse. En estos, previa y críticamente, son analizadas las circunstancias que rodean cada caso antes de ser manifestado a los demás.

Conviene añadir que el saber usar de la palabra, emplearla recta y adecuadamente, conocer y ser capaz de utilizar su tremenda fuerza, constituye uno de los mayores beneficios de que puede disponer una persona que tenga cierta vocación expresiva y alguna instrucción generalizada para poder dirigirse a los demás sobre cualquier tema que venga al caso.

XVIII) Conviene destacar la significación que tiene para las personas el disfrute de la vida y el saber convivir en armonía con las demás. Esto no es difícil de lograr, si las personas se concientizan sobre el particular y ponen suficiente empeño en alcanzarlo, teniendo como aliado espontáneo lo que proviene de la tendencia gregaria que siempre acompaña a los seres humanos por la necesidad de convivir en comunidad.

Este deseo de convivir armoniosa y gratamente nos pone en evidencia la realidad de lo diferente que somos en nuestros comportamientos y enfoques en la solución de los problemas que se nos puedan presentar en la vida, así como en su solución. Sin embargo, la búsqueda de esa relación armoniosa entre nosotros puede ser más eficaz si antes logramos alcanzar cierto grado de instrucción y cultura general que nos induzca a desarrollar nuestra capacidad intelectual, moral y de comprensión, mediante el desarrollo de nuestras aptitudes y facultades de que estamos dotados. Todo este desarrollo que se adquiera debe estar destinado, en parte, a aceptar a los demás como son, con sus virtudes, sus defectos y sus particularidades, para poder lograr establecer y mantener una armonía que redunde en beneficio de todos. Esto es lo que llamamos **tolerancia**, es decir, aceptar a los demás como realmente son y en ningún caso pretender cambiarles el comportamiento, salvo que sean personas que convivan con nosotros, como la esposa o esposo, los hijos o personas muy allegadas.

XIX) El propósito del desarrollo medular de esta consideración es ofrecer al lector interesado en este ensayo contar con una normativa escrita que recoja algunas recomendaciones generales provenientes del buen uso del lenguaje, que le permitan expresarse razonablemente bien cuando se encuentre entre personas conocidas, desconocidas, en sociedad, en el mundo de los negocios, etc. Para lograr lo aconsejado, el referido lector deberá ser de la conveniencia que tiene aplicar sistemáticamente las normas desarrolladas en la consideración correspondiente. Este texto didáctico intenta llevar al lector a adquirir el aprendizaje apropiado para concientizarse íntimamente sobre la manera más inteligente de procesar en su mente, mediante el análisis previo y ágil de los contenidos de aquellos pensamientos evocados antes de que él los exprese. De este modo, tendrá la capacidad de transmitirlos a los demás sin que ellos se presten a interpretaciones dudosas o contraproducentes. Antes de enviar dichos mensajes, debe privar siempre en los contendidos la prudencia, la lógica y la sensatez. Estas recomendaciones señaladas deben regir corrientemente cualquier conversación entre personas, en las cuales pueden ser tratados temas variados nacionales e internacionales de cualquier naturaleza, vigentes o no en la actualidad.

XX) Siguiendo el orden de ideas orientadoras que persigue este ensayo, debemos observar siempre que nuestras actuaciones, expresiones, actitudes o gestos ante los otros no deben ser realizados por un mero capricho o antojo, sino por conveniencia personal y de quienes convivan con nosotros, privilegiando siempre el bien común.

Esto debe ser así por cuanto de esta manera se justifica en nuestro desenvolvimiento cotidiano la prevalencia del verbo **convenir** sobre el verbo **querer**.

Ambos verbos únicamente deberían intercambiarse cuando solo haya un razonamiento racional y cuidadoso que lo justifique. Este punto tratado aquí pareciera, a simple vista, no tener la importancia que le atribuimos, pero en realidad la tiene en muchos momentos de nuestra vida. Por ejemplo, en el caso de que un estudiante tenga que seleccionar un oficio o una profesión universitaria, debería prevalecer en la selección de la carrera la vocación que pueda tener dicho estudiante sobre un determinado oficio o profesión determinada, por supuesto, mediante un estudio psicológico efectuado por un psicólogo experimentado que tenga como finalidad medir su aptitud personal en algunas actividades que puedan ser realizadas durante su vida, ante la posibilidad de escoger otra profesión alegando que lo hace porque le gusta más este tipo de actividad, en la cual probablemente no se va a destacar, sino que va a ser uno más del montón, es decir, uno cualquiera, sin nada que lo haga distinguirse del resto.

En el primer caso, el proceder se considera lógico y racional, debido a que está orientado a que el estudiante en cuestión, una vez graduado, se pueda desempeñar en un campo laboral donde su desenvolvimiento seguramente pueda ser considerado exitoso. Sin embargo, puede ocurrir que la vida y las circunstancias en un momento dado puedan depararle posiciones inesperadas muy beneficiosas que no tengan que hacer nada con su profesión ni con sus aptitudes. Pero este caso no es la norma general, sino una circunstancial.

XXI) Conviene resaltar la importancia que tiene el hecho de que la persona sea organizada y disciplinada en todos los órdenes de su vida, particularmente en la actualidad, donde se contraen tantos compromisos y obligaciones que deben ser atendidas a su debido tiempo. Por lo tanto, el ser organizado y disciplinado se ha constituido en un requerimiento social imperativo para toda persona que desee cumplir con los compromisos contraídos con los demás, prosperar en cualquier actividad que se proponga emprender y tener buena aceptación en todos los ámbitos en los cuales se desenvuelva.

Por ello es que el cumplimiento de este binomio organización-disciplina constituye un factor indispensable en el desempeño deseable de toda persona consciente que practique el sentido común centrado en algunas conductas personales fundamentales.

XXII) Se considera necesario y conveniente traer a colación el comportamiento correcto que debe asumir y aplicar siempre toda persona honesta con los demás en su quehacer diario, en cuanto a honrar siempre la palabra empeñada o escrita, cuando se trate de pactos personales o de respetar y cumplir los compromisos u obligaciones contraídas con alguien o con alguna instancia organizacional.

Este cumplimiento de la persona siempre es bien visto, apreciado y deseado en todos los ámbitos donde ella se desenvuelva y, por lo tanto, le acredita reputación favorable entre sus relacionados y allegados.

XXIII) Igualmente se considera aconsejable tratar de mantener y preservar una buena apariencia, aspecto o parecer exterior de la persona en el vestir, pues ello es un rasgo que se suele considerar característico de algunas personas honestas y rectas, quienes son generalmente deseadas, estimadas y confiables en cualquier ámbito en que se desenvuelvan. Esta particularidad personal es valorada como conveniente para realizar tratos de cualquier índole, y, por lo tanto, puede facilitar el lograr que muchas puertas se abran al tratar de obtener algo de alguien o de cualquier organización.

XXIV) Hay que tener presente la importancia que reviste el hecho de que las personas que se propongan alcanzar alguna meta propia o encomendada la logren con excelencia por medio del empeño, diligencia o aprecio. Si esta forma de actuar en el trabajo se convierte en una forma de vida y de disfrute, seguramente esas personas van a desarrollar una inclinación imaginativa y creativa importante que les va a permitir ofrecer aportes beneficiosos a cualquier organización donde presten sus servicios, e inclusive a su comunidad. Estas son ciertas características de una persona excelente. La excelencia consiste en que la persona sepa constituirse sólidamente como un ser humano con convicciones fuertemente arraigadas, como los buenos principios y los valores. El hombre que vive con excelencia posee, entre otras cosas, las siguientes cualidades: intuición y alegría, claridad en sus propósitos, originalidad, responsabilidad y libertad. Un ser humano excelente construye a otros, soporta el rechazo, no se frustra, mejor aún, le da sentido a la vida, es equilibrado en su pasión y responde con la razón.

Ello le va a permitir a la persona plantear mejoras o introducir nuevos sistemas o procesos más eficientes en sus propias actividades, las cuales se traducirán en mayores ganancias para la organización donde preste sus servicios, logrando de esta manera reconocimientos, garantías de estabilidad laboral y buenas promociones.

XXV) La disposición espontánea que manifieste toda persona de colaborar con una solución viable, satisfactoria y oportuna para resolver casi todos aquellos problemas que puedan afrontar sus conocidos, allegados o la comunidad donde viva y que no hayan podido ser resueltos por ninguno de sus miembros durante cierto tiempo, después de que agotaron todos los esfuerzos hechos, se considera digna y merecedora de aprecio por parte de todas las personas beneficiadas por tal capacidad de resolver asuntos. Asimismo, dicha disposición personal será reconocida como plausible por todas aquellas personas con sensibilidad ciudadana.

La gente con estas características serviciales necesariamente debe tener una inclinación a presentar iniciativas viables y concretas, sin que les sean solicitadas, que puedan solventar casi siempre con éxito los problemas. Esta cualidad personal de tener tal propensión espontánea de ayudar a sus semejantes es lo que el autor califica como **persona proactiva**.

XXVI) Debe tenerse presente la importancia de destacar lo que es conveniente al emitir opiniones sobre un tema, de modo que estas sean prudentes, juiciosas y acertadas, y debe ponerse particular cuidado sobre aquellos pareceres que puedan contener elementos de carácter polémico. Por lo tanto, es aconsejable solo expresar hechos que ocurran con frecuencia o que presenten una tendencia sostenida en el tiempo; y no hacer señalamientos de asuntos acaecidos aisladamente, cuyos fundamentos puedan ser inconsistentes. Sobre la base de lo expuesto en esta consideración, lo recomendable para todas las personas que deseen expresar un juicio de valor ante los demás es que tal opinión esté respaldada usualmente por la estadística, pues esta ciencia concede aceptación y respetabilidad en cualquier ámbito o auditorio ante el cual se manifieste el juicio.

XXVII) Finalmente debemos llamar la atención de los lectores interesados en el conocimiento contenido en esta última consideración, pues enriquece el ensayo didáctico que estamos presentando y que trata sobre la importancia que tiene la comunicación no verbal manifestada ante los demás, ya que las personas pueden transmitir significados corporal e involuntariamente en algunos momentos de la vida, sea a propósito o sin saber que lo están haciendo, cuando se encuentren conversando con familiares, amigos, conocidos, compañeros de trabajo u otros. Por tal razón, se recomienda a los interesados en este texto concederle particular importancia al contenido de esta consideración y, por consiguiente, leerla, releerla y familiarizarse con ella muy estrechamente. De esta manera nos evitamos enviar voluntaria e involuntariamente a nuestros interlocutores algunos mensajes, posiblemente distorsionantes, de lo que en realidad podríamos estar afirmando, pensando o sintiendo en un momento determinado, que puedan resultar inconvenientes para una o ambas partes. Para alcanzar tal propósito, es necesario que ellas sean conscientes de que ello puede ocurrir en cualquier momento inesperado

Rasgos generales de una persona con este sentido

Es una persona honesta, digna, disciplinada, tolerante, proactiva, bien informada, que se sabe desenvolver razonablemente bien en los ámbitos que frecuenta, y que utiliza usualmente el razonamiento crítico para analizar cualquier asunto que lo justifique. Se caracteriza por juzgar, obrar, actuar y expresarse ante los demás sobre algún asunto con prudencia, lógica, buen juicio, soltura y fluidez. Asimismo, adopta actitudes y gestos afortunados, resolviendo con tino situaciones que se le presenten inesperadamente en cada momento que rodee su vida, mostrándose frecuentemente equilibrada psíquicamente y con sano humor.

Aclaratoria

Conviene advertir que no es la intención del autor de este ensayo considerar indispensable para el lector interesado en la facultad del sentido común centrado en algunas conductas de la persona el tener que compenetrarse profundamente con el contenido de la consideración que trata de **la humildad** referida aquí. El objetivo es comprender y familiarizarse con todas las orientaciones y guías normativas que contiene esta obra como forma de vida. Esto se sostiene por cuanto dicho lector puede también llegar a abarcar parte suficiente del indicado texto, aplicando sistemáticamente la fuerza de voluntad activada mediante la plena conciencia y el convencimiento de su conveniencia, así como utilizando, con la frecuencia necesaria, la autocrítica rectificativa para corregir los errores en que pueda ir incurriendo en su quehacer diario. Una vez admitidos y reconocidos dichos errores por el lector interesado, él podría evitar cometerlos nuevamente y continuar aplicando las consideraciones que se listan en el contenido de este texto.

Epílogo.
Reflexiones generales conclusivas

Reflexionando reiterativamente sobre algunas particularidades ya analizadas en este ensayo didáctico, podemos concluir que este tiene una importancia trascendental para la gran mayoría de la gente en Venezuela y fuera de sus fronteras; porque la gran parte de los asuntos tratados en este texto no se aprenden usualmente en el hogar —lugar muy especial donde debería recibirse la verdadera e indispensable educación—, ni en las escuelas, ni en el bachillerato, ni en las universidades, ni siquiera en el transcurrir de la vida.

Sin embargo, cabe advertir que con frecuencia nos encontramos en muchos lugares del mundo con personas que exhiben una aptitud propicia para desarrollar habilidades conductuales muy naturales y similares a las contenidas en este ensayo. Esas características las distinguen de los demás, y usualmente tales personas se convierten en dirigentes importantes en muchas actividades de las áreas rural y urbana de la ciudad o capital de un país, particularmente cuando adquieren cierto grado de instrucción y de cultura. Esta capacidad se manifiesta en ellas al poder desenvolverse con razonabilidad en muchos ámbitos que requieran ser atendidos, en los cuales generalmente se aplican las reglas de la prudencia, del buen juicio, de la lógica y del acierto, y esto se parece a estar practicando el sentido común centrado en algunas conductas fundamentales de la persona, tema contenido en este ensayo. Esto solo se puede atribuir a inclinaciones naturales personales.

Precisamente esas personas capaces de juzgar, obrar, actuar y expresarse razonablemente bien ante los demás y en presencia de situaciones generales inesperadas son las que suelen convertirse en líderes en sus respectivos lugares geográficos de nacimiento o de residencia habitual; particularmente en las actividades organizacionales de cualquier naturaleza así como en el mundo de la política y de los negocios. Pues bien, ellas son también las que generalmente suelen ocupar posiciones de jefes de estado o de gobierno en sus respectivos países. Ellas, que son caracterizadas por tales cualidades, aun cuando no contaron con un texto orientador y guía como el que se ofrece ahora para todos los lectores interesados de este ensayo, deben considerarse privilegiadas por utilizar conductas apropiadas en su desenvolvimiento cotidiano aplicable a cualquier circunstancia que se les puedan presentar en la vida.

Ahora bien, después de todo lo afirmado en los dos párrafos anteriores, conviene advertir o tener presente que podría haberse dado el caso, en épocas no muy lejanas o quizás actuales, de que algunas personas, consideradas "privilegiadas", hayan podido tener la oportunidad de conocer, guiarse y aplicar, entre otros saberes respectivos, algunas normas sobre el sentido común centrado en algunas actividades lucrativas, tales como aquellas relacionadas con la promoción y las ventas de algunos productos o mercancías, o con la construcción de edificaciones, etc., con la finalidad de concluirlas de una manera más eficiente y, por ende, más rápido para venderlas. Esta podría ser una posibilidad para tener en cuenta en esta presunción que presentamos y que le quitaría algo de valor al calificativo de "privilegiadas" en algunos casos.

Sobre la base del fin último del contenido de esta obra, así como cuando él sea dado a conocer al público en general mediante su edición y difusión en el país y fuera de sus fronteras, algunos hombres políticamente responsables como gobernantes en la conducción del Estado ahora tendrían a su disposición un compendio de enseñanzas escritas orientadoras, las cuales deberían hacerse llegar a todos los estratos sociales de los países, por ser de suma importancia para toda la gente interesada en progresar y en superarse en el saber mediante la adquisición de las bondades que ofrece su aprendizaje.

La gran trascendencia que tiene el aprendizaje de las consideraciones que contienen el sentido común centrado en algunas conductas de la persona, por aportar el gran beneficio que presta a toda la gente, obliga a concederle a su enseñanza un carácter obligatorio dentro del ordenamiento legal que rige los sistemas educativos ordinarios que se han ido impartiendo en Venezuela y en otros países.

Este carácter concedido al contenido del ensayo acerca del sentido común centrado en algunas conductas fundamentales de la persona justifica plenamente su aplicación efectiva en la sociedad del trabajo, aplicación que constituiría una decisión realmente inteligente y ennoblecedora para que los gobernantes de esos países la acojan con entusiasmo, pues ella conduciría necesariamente a elevar el grado de conocimiento educativo de dicha gente ubicada en todos los estratos sociales de las poblaciones de esos países. Tal aprendizaje les permitiría lograr un futuro promisorio, al poder saber cómo desenvolverse razonablemente bien en cualquier ámbito que necesiten frecuentar en la vida, así como tener un buen vivir y éxito en casi todas las empresas que se propongan emprender.

En virtud de todo lo expuesto sobre el contenido del ensayo, las autoridades educativas competentes de cada país deberían incluir, responsablemente, esa clase de aprendizaje en forma complementaria de la enseñanza que hoy día se viene impartiendo ordinariamente en las aulas de las escuelas, colegios, institutos y universidades por lo relevante y trascendente que él es. Esta decisión permitiría transferir valiosos conocimientos a mucha gente que ha vivido y continúa viviendo, quien sabe por cuánto tiempo más, sumida en la desoladora oscuridad del saber educativo que infunde tristeza y desconsuelo.

Por consiguiente, es de imperiosa necesidad que todas las personas conscientes y deseosas del beneficio que este texto proveería luchen vigorosamente porque cada estado o país se empeñe en enseñar, con carácter obligatorio, el contenido de este esfuerzo conductual realizado para sus pobladores, por cuanto los transformaría en personas útiles y felices en las sociedades organizadas, dada la comprensión, el razonamiento lógico y el buen desempeño que adquirirían en cualquier actividad que se propusieran ejercer. Asimismo, esa gente formada razonablemente contribuiría eficazmente en el desarrollo de Venezuela y de otros países en todos los órdenes del quehacer humano y aumentaría su disfrute de todo aquello que les ofrezca la naturaleza. Este es un derecho que usualmente es mucho mejor ejercido por los ciudadanos de cualquier parte del mundo que tengan cierta instrucción o habilidades adquiridas.

El autor de esta obra es consciente del grave problema que se le viene ocasionando a mucha gente en el mundo desde tiempos inmemorables, por no saberse conducir en la vida como lo desearían, pues se los impide una conducta que no se rige por ninguna orientación o guía normativa escrita sensata ni racional. Por tal razón, él presume que esta gente se debe sentir contrariada consigo misma con respecto a otras personas, por su condición de minusvalía en conocimientos conductuales importantes y necesarios; y por esto, se debe sentir también poco capaz de poder juzgar, obrar, actuar y expresarse ante los demás sobre algún asunto con prudencia y sensatez y de desenvolverse satisfactoriamente en todos aquellos ámbitos que requieran su atención.

Finalmente, cabe advertir que nosotros pensamos que todo este esfuerzo que se ha plasmado en esta obra, dirigido a elaborar un compendio escrito de orientaciones y de guías normativas contenidas en ella, como reglas para ser seguidas por la gente que aspire a corregir y normalizar racionalmente sus conductas y sus modos de ser ante la sociedad en que viva, aparentemente no habría sido escrito nunca por persona alguna o conjunto de ellas en todo el mundo; por lo tanto, las actuales normas o guías que se ofrecen deben ser aplicadas con verdadera vocación de servicio, fraternidad y solidaridad humana a todo aquel que se interese en ellas para poder salir del atraso en que tanta gente está sumida actualmente y entonces poder crecer en conocimientos durante la vida.

En orden respecto de la globalización

Aun cuando nos refiramos a ideas necesarias y aleccionadoras dirigidas a los lectores interesados en este ensayo sobre los grandes lineamientos que rigen el sistema internacional de la globalización, cuya realidad es viviente e inocultable, no forman parte expresa y conclusiva de este texto, tampoco el conocer algo sobre dichas ideas constituye incompatibilidad alguna con este, sino más bien son parte complementaria de él, pues estas ideas contribuyen a dar a conocer e ilustrar parte del espacio de enseñanza que pretende abarcar esta contribución educativa.

Por lo tanto, podemos empezar por afirmar que la globalización es un proceso económico, científico-tecnológico, social y cultural a gran escala, fundamentado en la creciente comunicación e interdependencia entre los distintos países del mundo; unificando sus mercados, sus sociedades y sus culturas por medio de una serie de transformaciones sociales, económicas y políticas que les dan un carácter global.

Esta globalización tiene como particularidad tácita un acuerdo entre los gobiernos de los países desarrollados y de aquellos cercanos a ellos en esa particularidad, sobre la adopción de políticas destinadas al mercado mundial, la administración centralizada de las decisiones, la ejecución de las políticas de las instituciones multilaterales (Fondo Monetario Internacional, Organización Mundial del Comercio y Banco Mundial), el poder creciente de la banca transnacional y la subordinación de todas las naciones, incluyendo, por su puesto, todas aquellas en desarrollo, al orden global.

El actual sistema de globalización tiene atributos, deficiencias, reglas, incentivos y características como la integración, mientras que el anterior sistema internacional de la época de la Guerra Fría (Estados Unidos de América contra Unión Soviética) se caracterizaba solo por la división.

Hoy, tanto las amenazas competitivas como las oportunidades para colocar bienes transables en diferentes países dependen, cada vez más, de con quién nos relacionemos.

Así que la mayoría de los países que configuran el mundo están usualmente *en crecimiento y* se encuentran integrados a un sistema basado en redes económicas y sociales.

En la actualidad, el mundo se caracteriza por una creciente competitividad a nivel global, atribuible a la rapidez con que se producen las innovaciones científicas y tecnológicas, pues los procesos de trabajo son continuos, y los movimientos evolutivos que experimentan las economías, las sociedades y los clientes se suceden con frecuencia.

Debido al contenido de lo expuesto anteriormente, se ha considerado conveniente y oportuno tener en cuenta los señalamientos generales de la clase de mundo en que nos encontramos y en el que les podría tocar desempeñarse laboralmente a los lectores de este ensayo.

Conviene agregar que dicho mundo se distingue por estar globalizado en toda la extensión ya descrita precedentemente y, a su vez, porque el progreso se alimenta de las innovaciones provenientes de diferentes actividades investigativas, fundamentalmente de origen científico y tecnológico.

Es cierto que la ciencia ha generado y genera muchos desarrollos tecnológicos e importantes innovaciones. Sin embargo, viene al caso afirmar que no toda la tecnología ni las innovaciones provienen de la ciencia, pues otras modalidades de conocimiento también son fuentes de innovación, como la cultura, basada en las artes, las humanidades y las ciencias sociales.

Desde el punto de vista humano, la globalización, entre muchas responsabilidades, debe obligar a la comunidad mundial de países a utilizar y profundizar cada vez más en el saber sobre el conocimiento, lo que trae y continuará trayendo mayores beneficios tangibles para la humanidad a mediano y largo plazo en todos los órdenes de la vida. Pues dicha globalización crea competitividad científica, tecnológica, conceptual y de otros órdenes, que en ningún momento podría estar divorciada de la parte económica, pues esta sirve de gran estímulo para un nunca acabar acerca del conocimiento —como insumo del saber—, que está investido de un carácter universal que no tiene fin.

En orden con respecto a la preservación del planeta

También es bueno recordar, a esta altura de los tiempos que se viven, la obligación imperiosa que tenemos de cumplir con todos los ciudadanos y países del mundo en lo que respecta al velar por el cuidado y el desarrollo conveniente y sano del planeta por medio del funcionamiento eficiente y menos contaminante de las operaciones de producción de bienes transables entre dichos países; se pone particular énfasis en aquellos que están en vía cercana al desarrollo, como la India y Brasil, y otros ya desarrollados como la China. Se hace cumplir, con carácter obligatorio, una exigencia de conciencia y de imperativo social, el propiciar, acatar y respetar seriamente los acuerdos a que se lleguen en las cumbres de jefes de Estados que se celebren en cualquier país anfitrión, las cuales están destinadas a lograr una seria e importante protección ambiental de nuestro planeta contra el creciente grado de lluvias ácidas que se vienen generando, fundamentalmente, en las chimeneas de las fábricas.

Esa incidencia perjudicial proveniente de esos países se genera por la ambición desmedida de muchos de ellos de exportar cada vez más bienes transables, con el objeto de tener mayores beneficios al competir con otros.

Por otra parte, una aspiración creciente de parte de la comunidad internacional, donde se intercambian materias primas, productos y equipos, es poder competir eficientemente entre las regiones y los países, sin atentar en demasía contra el sistema ecológico del planeta, a fin de que el comportamiento climático originado y proveniente de él reduzca gradualmente su afectación en muchas regiones y países del mundo.

Esta aspiración requiere que todo los países competidores se concienticen seriamente acerca del daño que sus industrias le causan al planeta y programen realizar inversiones graduales, dirigidas a aquellos proyectos ya ejecutados y por ejecutar —incluyendo procesos compensatorios en eficiencia energética en sus complejos industriales, entre otros—, con el fin de ir reduciendo el impacto negativo que se viene causando en el sistema ecológico de la Tierra, evitándolo en el futuro.

Es cierto que las altas inversiones en que tendrían que incurrir algunos países que son grandes causantes de las lluvias ácidas (principalmente de CO_2) disminuirían la rentabilidad de los bienes que producen esos países, mientras que otros dentro de la misma comunidad mundial serían más competitivos por estar exentos o menos obligados a incurrir en inversiones similares por encontrarse en proceso de desarrollo.

De ahí la resistencia de algunos de ellos, altamente desarrollados o en vía cercana al desarrollo, a suscribir y aplicar efectivamente tratados de protección ambiental. Hasta ahora, y desde comienzos del año 2011, no ha sido posible incluir en esos contratos el carácter obligatorio.

Por todo lo sostenido hasta aquí, en relación con la preservación del planeta, se considera conveniente hacer esfuerzos apropiados y diligentes para crear conciencia en todos los gobernantes para que consideren proyectos destinados a evitar o reducir el impacto negativo que causa la contaminación producida con el CO_2 al sistema ecológico del planeta. La actitud que asuman dichos países ante los costos de producción debería ser positiva, pues redundará en beneficio de todos los países que adopten posiciones exportadoras en el mercado mundial a mediano y largo plazo.

Por la competencia que se genera usualmente en el sistema internacional de la globalización entre bienes transables, la referida globalización se ha convertido también en desafiante entre los países que concurren a ella, debido a los avances innovadores de origen científico y tecnológico. Similar incidencia ha ocurrido y ocurre actualmente respecto de nuestras capacidades y habilidades potencialmente desarrollables en casi todas las actividades que somos capaces de realizar en diferentes posiciones organizacionales y geográficas de los indicados países.

Este desafío se debe, reiteramos, a que ha venido surgiendo entre dichos países una competencia creciente de nuevos conocimientos, los cuales se traducen en avances tecnológicos y, por ende, en nuevos bienes negociables entre muchos de ellos; nos referimos tanto a los países que se encuentran en etapas de vía de desarrollo, como a los que están cerca del desarrollo, los ya desarrollados y los altamente desarrollados.

De los primeros países mencionados, hay algunos que producen y exportan principalmente materias primas, mientras que otros algo más avanzados en el campo del saber también exportan materias primas y compiten con los segundos en todo tipo de productos y equipos transables en el mercado, debido a su bajo costo de mano de obra y a la aplicación intensiva de la ciencia y la tecnología en la actividad industrial que emprenden. La India es un ejemplo sobresaliente de los países en vía cercana al pleno desarrollo.

En orden respecto al desempeño laboral

Aprovecharemos también este espacio para tratar someramente sobre el campo laboral, por cuanto este constituye parte prioritaria de las aspiraciones de cualquier persona que desee lograr tener éxito en este mundo globalizado. El éxito se logra por medio de un desempeño técnico o profesional realizado con dominio en el área técnica que le corresponda ejercer, eso sí, con verdadero interés, eficiencia, diligencia y puntualidad.

En vista de la importancia que tiene esta área anteriormente señalada para los lectores interesados en el contenido de este ensayo, en cuanto a recursos humanos se refiere, consideremos también algunas exigencias laborales que se exigen corrientemente a los empleados en casi todas las organizaciones que existen en buena parte del mundo.

A estas personas se les exige, generalmente, en un lapso de relativa normalidad en las economías mundiales, buenas credenciales relacionadas con el conocimiento que se tiene sobre algunas actividades técnicas o profesionales que son requeridas usualmente por los empleadores. El propósito de tal exigencia organizacional suele estar destinado a obtener una plantilla de empleados cercanos a ser considerados sobresalientes, con el fin de lograr un mejor y más eficiente funcionamiento organizacional en empresas donde siempre deben prevalecer la disciplina, la diligencia y la imaginación creativa.

En cuanto a la responsabilidad de gerenciar algunas actividades encomendadas por las empresas, la persona encargada debe tener la capacidad de coordinarlas debida y cotidianamente en la organización donde preste sus servicios, de una manera inteligente, responsable y diligente, privilegiando las decisiones acertadas, la ética y la escrupulosidad.

Asimismo, el gerente debe tener la preparación y la habilidad suficiente para saber establecer y conducir una relación conveniente, armoniosa y comprensiva con sus empleados, que le permita interpretar su sentir y, a su vez, los induzca, mediante incentivos seleccionados inteligentemente, a que se mantengan motivados en su ocupación y cultiven sus conocimientos y sus habilidades para crecer en eficiencia, agudeza o ingenio e imaginación en el trabajo que realizan, con el objeto de que hagan de sus actividades realizadas, unas que se distingan por ser suficientemente competitivas en el ámbito de la contienda global.

Ello hace que los empleados se profesionalicen y que muchas organizaciones observen y consideren con atención estas cualidades en el trabajo realizado, por convertirse en componentes potenciales que permitan identificar líderes y personas claves que faciliten el desarrollo futuro y la conducción de las empresas empleadoras.

Para tranquilidad de esos lectores arriba aludidos en el ámbito laboral, afirmamos que algunos requerimientos relevantes exigidos por cualquier organización podrían cumplirse, para satisfacción por medio del estudio, el empeño y la aplicación sistemática e integral del conjunto de "consideraciones" ilustrativas y orientadoras contenidas en este ensayo.

En orden con respecto a algunos aspectos sociales de los países en vía de desarrollo

Conviene señalar que el sistema de globalización no parece justo en algunos casos, particularmente en lo que concierne a ciertas áreas geográficas deprimidas en algunos países subdesarrollados en el mundo. Tal situación se puede atribuir generalmente al retraso tecnológico e industrial que los afecta, que se puede deber, en buena parte, a que esos países no le han concedido ni le conceden en el presente a la EDUCACIÓN el inmenso valor que esta tiene como fuerza dinamizadora para hacer avanzar y progresar las naciones en todos los órdenes del conocimiento humano.

Lamentablemente, este atraso proviene de un sistema de instrucción con un nivel muy inferior al de aquellos países cercanos al desarrollo y más alejados aún de los ya desarrollados, todo lo cual no está en consonancia con los avances innovadores que prevalecen en el mundo.

Pero este atraso al que se hace referencia en el párrafo anterior es causado e inducido generalmente en dichos países subdesarrollados por el hecho de tener gobiernos que en lugar de velar porque se respete y se haga respetar y cumplir la Constitución y las leyes —y por ende, la aplicación oportuna de la justicia por medio de la independencia genuina de los poderes públicos emanados de dicha Constitución—, ejercen influencia para que se degraden esos poderes y, por consiguiente, todo el marco jurídico y educacional que debe regir en un estado democrático y creciente en conocimientos. Tal desafuero en un país ocasiona el alejamiento de la entrada de capitales extranjeros frescos, y reduce al mínimo los nacionales, por no ejercerse un verdadero respeto al estado de derecho que debe prevalecer y reinar en cualquier nación que aspire a avanzar y superarse en el campo del saber, con el objeto de lograr la categoría de país desarrollado.

Aprovechándonos de todo lo sostenido anteriormente, podemos agregar que el propósito general de fondo de casi todos los gobiernos de estos países subdesarrollados es el de inducir, ocultar maliciosamente y mantener la ignorancia de la población más humilde, y por medio de ella y de la corrupción practicada y propiciada, mantenerse en el poder sin importar el destino de la patria. Esto es doloroso, pero lamentablemente es la realidad que acontece en muchos países subdesarrollados.

Por lo tanto, se considera imperativo e indispensable que los países democráticos desarrollados influyan decidida e intencionalmente a favor de resaltar, a nivel internacional, la gran importancia que tiene inducir a los países subdesarrollados a impartir obligatoriamente una instrucción ordinaria de buena calidad en todos sus niveles, a fin de reducir e ir eliminando gradualmente su atraso en el campo del saber. Esto se debe mantener, cultivar y preservar en el tiempo, y debe impartirse a una vasta mayoría de las poblaciones de tales países. Es la mejor y más encomiable inversión que puede hacer estado alguno.

Además, debe convertirse en un imperativo irrenunciable en estos países el preservar una mínima expresión de la perversa corrupción, pues esta constituye un mal muy dañino y malvado. La tendencia de apropiarse de lo ajeno podría considerarse incontenible en el hombre y pareciera tener un origen de corte genético que se manifiesta por medio de la ambición, es decir, del deseo ardiente de apropiarse de lo ajeno, y mediante ello, de conseguir poder, riquezas, dignidad o fama, la mayoría de las veces provenientes de la corrupción o tráfico de influencias. Este flagelo degrada, corroe y distorsiona cualquier sistema de justicia, de libertad y de economía de las naciones tanto en el orden público como en el privado, obstaculizando que se pueda ofrecer a los gobernados un balance operacional positivo de poderes y, por consiguiente, la mayor suma de felicidad posible.

La corrupción tiene innumerables manifestaciones inmorales que afectan profundamente al Estado en todos los órdenes de su responsabilidad nacional, pues envilece significativamente la aplicación de la justicia, columna vertebral de las naciones democráticas, por el debilitamiento significativo de la separación de los poderes que componen el poder público nacional; casi siempre viola las disposiciones de la Constitución y de las leyes de cada país, que son su Carta Magna y su escala de valores republicanos.

Recomendaciones

Dios perdona,
La ignorancia no

La mayoría de la población del mundo vive aquejada por muchos males que la afligen de diferente naturaleza. Nosotros presumimos que en las Naciones Unidas debe existir algún órgano competente que lleve un control jerárquico sobre ellos. A pesar de esto, el autor considera que los tres peores males que afectan a la humanidad son: 1) la ignorancia general; 2) el desconocimiento de las normas o guías que la orienten acerca de cómo comportarse de forma racional en la vida; y finalmente 3) el miedo que la acompaña con cierta frecuencia.

A continuación se presentan nuestras definiciones sugeridas sobre la ignorancia:

1.1) La **ignorancia común** podría entenderse como "aquella ignorancia en ciencia y cultura casi generalizada que exhibe la gente en su inmensa mayoría al tratar de comprender y razonar cualesquiera asuntos que se les puedan presentar al intentar desenvolverse como personas en sus ámbitos cotidianos y cuando necesiten resolver con acierto algún problema inesperado".

1.2) En cambio la **ignorancia relativa** podría ser entendida como "aquella ignorancia en ciencia y cultura en que incurre la mayoría de la gente que posee conocimientos generales limitados e intentan comprender y razonar algunos asuntos de su cotidianidad que se presentan corrientemente al quererse desenvolverse en ciertos ámbitos así como al tratar de entender algunos contextos que rodean o condicionan hechos que no les son familiares".

2) La ausencia de orientaciones o guías escritas, que ha existido en el mundo desde tiempos inmemoriales, no le ha permitido a la gente comportarse adecuadamente en algunos ámbitos de sus vidas ni desenvolverse en ellos con prudencia, lógica y sensatez, ni tomar decisiones acertadas ante situaciones inesperadas.

3) El miedo que sienten las personas de vez en cuando es necesario para prevenir accidentes en algunos momentos peligrosos, aun cuando él influye negativamente en muchísimas ocasiones en que se propongan ejercer actos personales con o ante los demás. Esto ocurre debido a que esta emoción negativa primaria tiene mucha influencia en la conducta y buen desenvolvimiento de la gente en cualquier ámbito que frecuente.

A esta altura del esfuerzo didáctico plasmado en este ensayo parece conveniente insistir en el hecho cierto de que una vez que se haga realidad su publicación, la mayoría de los interesados y gobernantes responsables y con sensibilidad social genuina hacia sus gobernados podrán advertir la gran utilidad y el bienestar que el contenido de este texto les ofrecería a ellos por medio del conocimiento conductual que podrían extraer; así podrían reducir o eliminar el desconocimiento generalizado existente en la gente en cuanto a corrección de comportamiento y modos de ser que deben prevalecer en su desenvolvimiento habitual, como seres sociales en comunidades razonablemente civilizadas.

Nosotros comprendemos lo conveniente que sería para toda la gente interesada en superarse en la vida que se comience a enseñar complementariamente en los sistemas educativos ordinarios que se imparten en Venezuela y más allá de sus fronteras cuestiones referidas a la naturaleza, las cualidades y los beneficios contenidos en este ensayo. Sin embargo, podría surgir cierto escepticismo y cierta incredulidad en algunos gobernantes sobre los beneficios reales que produciría la implantación de la enseñanza de este texto por los elementos constitutivos que lo componen. Por tal razón, será imperativo hacer un llamado de conciencia y de recapacitación a las personas que aspiren a gobernar o gobiernen sus países, con el objeto de que procedan a implementar las acciones que obliguen al aprendizaje de lo que este ensayo ofrece en materia educativa conductual.

Finalmente, conviene advertir que el autor de esta obra piensa que es posible que aparezcan voces agoreras que sostengan que la aplicación de esta propuesta puede resultar difícil y costosa; sin embargo, los resultados beneficiosos que se obtendrían en los países que accionen en este sentido, a mediano y largo plazo, serían de una gran valía para el desarrollo y el progreso nacionales y, consecuencialmente, para las empresas privadas y públicas existentes en esos territorios.

Por todas estas razones, se cree que el contenido del presente ensayo debe abordarse en Venezuela y en el resto de los países como un asunto de Estado, debido a la gran importancia que tiene concederle a su implementación un valor capital, al proponer complementar los niveles de enseñanza que corrientemente se imparten dentro del sistema de instrucción nacional utilizado.

Exhorto

En consideración de lo trascendente que es para el bienestar de la gente en Venezuela y más allá de sus fronteras poder beneficiarse de ciertos conocimientos sobre algunas conductas fundamentales de la persona que les sirvan de orientación y guía normativa, el autor presenta este ensayo didáctico, destinado fundamentalmente a corregir y a mejorar razonablemente el desenvolvimiento inadecuado que practica tanta gente en su vida desde tiempos inmemoriales. El autor reitera y enfatiza la importancia de hacer un llamado exhortatorio en esta ocasión a todos aquellos lectores interesados en obtener conocimientos provechosos que los beneficiarán en todos los órdenes de la vida, y particularmente a todos los jefes de estado o de gobierno de los países, los cuales están obligados a proporcionar a sus ciudadanos la mayor suma de felicidad posible alcanzable mediante la implantación de la enseñanza ofrecida en este texto, complementaria de aquel aprendizaje que se viene impartiendo corrientemente en dichos países en todas las instituciones educativas públicas y privadas; eso sí, con carácter obligatorio e irrenunciable.

En el caso de que se adopte tal decisión enaltecedora por parte de los gobernantes de turno, aplicando el contenido de este ensayo, se contribuirá a reducir gradualmente el desconocimiento generalizado en la gente a mediano y largo plazo.

Debido a ello, la aludida gente estaría en capacidad potencial de atender eficazmente las necesidades de conocimiento que sean necesarias para que la mayoría de las poblaciones de dichos países pueda vivir mejor y estar en capacidad de conducirse razonablemente en todos aquellos ámbitos que frecuenten en el devenir de sus vidas, así como poder resolver con tino aquellos problemas de cualquier índole que puedan afrontar en cualquier momento.

Referencias bibliográficas

(2014, 30 de noviembre). ¿Qué es la timidez y cómo superarla? Recuperado de https://www.manuelescudero.com/texto-de-videos-psicologia/timidez-caracteristicas/

Aguilar Moreno, Gerardo Rubén (2009, 3 de julio). "El conocimiento holístico- Gestio Polis". Recuperado de:https://www.gestiopolis.com/el-conocimiento-holistico.

Gagner, Howard (2014, 5 de junio). "Las múltiples inteligencias". Recuperado de https://es.wikipedia.org/wiki/Howard_Gardner

Garza Trevino, Juan Gerardo (2007, 5 de enero). *Sentido común: una filosofía para la vida cotidiana*. Recuperado de ingenierias.uanl.mx/1/pdf/1_Garza_Trevino_Sentido_Comun.pdf

Keirsey, David (2008, 6 de enero). "Acuerdo sobre la definición de personalidad". Recuperado de https://en.wikipedia.org/wiki/David_Keirsey

Krinsky, Becky (2014, 3 de diciembre). "¿Por qué es importante pensar antes de hablar?". Recuperado de https://recetasparalavida.com/rplv/por-que-es-importante-pensar-antes-de-hablar/325

Rodríguez, Mauro. (1997), *Autoestima clave del éxito personal*. México, Manual Moderno.

Sabater, Valeria. (2013, 15 de diciembre). "Amígdala cerebral". Recuperado de https://lamenteesmaravillosa.com/la-amigdala-centinela-de-nuestras-emociones

Torres, Arturo. (2016, 30 de marzo). Los 9 tipos de pensamiento y sus características. Psicología y mente. Recuperado de https://psicologiaymente.net/inteligencia/tipos-pensamiento

Wikipedia.Org. (2014, 3 de marzo) "Comunicación no verbal". Recuperado de https://es.wikipedia.org/wiki/Comunicación_no_verbal

Yagosesky, Renny (2015, 21 de febrero). "Los efectos de los pensamientos en las emociones". Recuperado de www.pnlnet.com/los-efectos-de-los-pensamientos-en-las-emociones/

Editorial LibrosEnRed

LibrosEnRed es la Editorial Digital más completa en idioma español. Desde junio de 2000 trabajamos en la edición y venta de libros digitales e impresos bajo demanda.

Nuestra misión es facilitar a todos los autores la edición de sus obras y ofrecer a los lectores acceso rápido y económico a libros de todo tipo.

Editamos novelas, cuentos, poesías, tesis, investigaciones, manuales, monografías y toda variedad de contenidos. Brindamos la posibilidad de comercializar las obras desde Internet para millones de potenciales lectores. De este modo, intentamos fortalecer la difusión de los autores que escriben en español.

Ingrese a www.librosenred.com y conozca nuestro catálogo, compuesto por cientos de títulos clásicos y de autores contemporáneos.

www.ingramcontent.com/pod-product-compliance
Lightning Source LLC
Chambersburg PA
CBHW021758230426
43669CB00006B/112